全民阅读体育知识读本

U0721070

柔道——培养意志的运动

盛文林/著

台海出版社

图书在版编目（CIP）数据

柔道：培养意志的运动／盛文林著. －－北京：
台海出版社，2014.7
（全民阅读体育知识读本）
ISBN 978－7－5168－0418－6

Ⅰ.①柔… Ⅱ.①盛… Ⅲ.①柔道－基本知识
Ⅳ.①G886.4

中国版本图书馆 CIP 数据核字（2014）第 174918 号

柔道：培养意志的运动

著　　者：盛文林

责任编辑：戴　晨　　　　　　　装帧设计：视界创意
版式设计：林　兰　　　　　　　责任印制：蔡　旭

出版发行：台海出版社
地　　址：北京市朝阳区劲松南路 1 号　邮政编码：100021
电　　话：010－64041652（发行，邮购）
传　　真：010－84045799（总编室）
网　　址：www. taimeng. org. cn/thcbs/default. htm
E － mail：thcbs@126. com

经　　销：全国各地新华书店
印　　刷：北京一鑫印务有限公司
本书如有破损、缺页、装订错误，请与本社联系调换

开　　本：655×960　　　1/16
字　　数：130 千字　　　　　　　印　　张：12
版　　次：2014 年 10 月第 1 版　　印　　次：2021年 6 月第 3 次印刷
书　　号：ISBN 978－7－5168－0418－6

定　　价：29.60 元

前　言

　　柔道诞生于 1882 年，是一项集体力、智力和道德教育于一身的体育运动。它起源于在日本流传了数百年的柔术，柔道创始人嘉纳治五郎教授汲取了众多柔术流派之长，并加以改进，最终形成柔道。作为日本的国术，柔道在日本受到了充分的关注和重视。

　　柔道是一种两人徒手较量的竞技运动，通过把对手摔倒在地而赢得比赛，是一种能最有效地使用身心力量获得最大效用的日本武道；也是奥运会比赛中唯一的允许使用窒息或扭脱关节等手段来制服对手的项目。

　　柔道，这个术语实际上来自两个日本词汇——"柔"和"道"，"柔"意味着文雅、温柔、柔顺或灵活；而"道"，意味着方式、道路、途径或教导，因此柔道通常也就被译作"一种文明的方式"，对于柔道这种对抗性极强的竞技运动，这样的描述听起来似乎不可思议，但与其他迅速而熟练的格斗技术不同，柔道中教导的就是一种"灵活的力量"。

　　柔道带有一种无形的搏击性，而它的搏击性以"柔""顺"为主，技巧好的人，一出手即可找准对方的弱点与重心，将人击倒或打出丈外，发劲用在对方身体不稳之时，乘虚而发，取胜于技巧而非力量。它强调技巧与力量的结合；坚守"被打倒一定要站起来"的信念；巧妙运用投、固、绞、锁关节等技术，以"以柔克刚"的妙技来战胜对方。修炼柔道，能够健身、防身、养生，同时修得坚忍不拔、忍耐克己的完美人格。

本书通过对柔道规则和技术的详细介绍，可以让青少年读者充分了解到柔道运动的魅力所在。学习攻击防守和以柔克刚完美融合的柔道运动，可以增强青少年朋友们的体质、锤炼青少年朋友们的精神、提高青少年朋友们的警觉和应变能力、增强其自信和意志力，希望青少年读者朋友可以通过阅读本书了解柔道这项运动，并最终喜欢上柔道！

目　录

PART 1 项目起源

讲道馆柔道的起源

柔道诞生于日本，为日本人民所喜爱。它在日本开展得极其广泛，因此日本素有"柔道之国"的称号。

柔道是日本武术中特有的一科，是由柔术演变发展而来的。它具有悠久的历史，从日本战国时期到德川时代（公元 15～16 世纪），一直把柔道称为柔术或体术。现在所用的柔道这一名词，是由"日本传讲道馆柔道"简化而来的。

国际柔道联合会章程的第一条中明确记载了将由嘉纳治五郎创始的斗技确定为柔道的决定。现在世界上开展的柔道运动是嘉纳治五郎先生于 1882 年创造的，正式命名为"日本讲道馆柔道"。

嘉纳治五郎先生 1860 年出生于日本兵库县御影町（现名神户市东

嘉纳治五郎

滩区），其父亲出生在一个较有名望的贵族家庭，母亲是一位有名的酿酒商的女儿。1871年随父母移居东京，同年在东京开城中学读书，1877年进入东京大学学习。由于嘉纳治五郎先生年少时体弱且身体比较瘦小，因此时常受到同学们的欺负，但他个性倔强，为了不甘凌辱而能自卫和防御，并从强身健体的愿望出发，便立志要学习柔术。

柔术表演

18岁时他开始学习柔术（柔术是一项具有悠久历史的实战格斗术，分为很多的流派，是柔道运动的母体）。嘉纳治五郎先生最初在天神真杨流派的福田八之助和矶正智门下学习，在两位老师相继去世后于1881年到起倒流派饭久保恒门下学习。经过刻苦的学习和钻研，他不仅达到了强身健体的目的，而且还掌握了自卫和防御的技能。

之后嘉纳治五郎又对天神真杨流派、起倒流派以外的其他各流派进行深入的研究和学习。在学习的过程中嘉纳治五郎先生深刻体会到了教育的价值，并立志提倡和发展这项运动。经过数年努力后，嘉纳治五郎先生取其精华去其糟粕，确立了以投技、寝技、挡身技三部分为主体的新柔术体

嘉纳治五郎和柔道

系，把胜负、体育、健身作为目的，使柔术向道的方向发展。

明治十五年（1882年），嘉纳治五郎先生在下谷北稻荷町永昌寺一个仅有12块榻榻米（日本的一种草席，每块长约1.82米，宽0.91米）大小的书院内建立了最早的讲道馆，从只有9名学员开始了以柔道为中心的训练活动，从而使传统的柔术改革创造成为了现代柔道运动。从此，永昌寺也就成了讲道馆的创业地及世界柔道运动的发源地。嘉纳治五郎也被日本人民誉为"柔道之父"。

PART 2 历史发展

世界柔道运动的发展

综述

嘉纳治五郎创建讲道馆以后，在日本普及很快，欧美等西方国家的爱好者也闻名前往讲道馆学习，艺成回国后，他便极力推广并传授柔道技术。嘉纳治五郎也在为使柔道走向世界而积极努力，他经常出国宣传并普及柔道，并且让他的学生远涉重洋到世界各地传播柔道技术，以及宣传柔道精神。

1928 年，身为奥林匹克委员会委员的嘉纳治五郎，第一次率领日本体育代表团参加荷兰阿姆斯特丹举办的第九届奥运会比赛。返回日本时，曾经发表过"希望柔道能列入奥运会比赛项目"的讲话。1933 年，他又一次提出"惟柔精神，才最符合以世界和平为理想的国际比赛精神"。经过嘉纳治五郎多年的努力，以及对柔道精神进行宣传，柔道在欧美等西方国家迅速发展起来。

国际柔道组织初步形成于 20 世纪 30 年代。1951 年，在欧洲柔道联合会大会的基础上，国际柔道联合会最终成立，13 个发起国全部来自欧洲。次年，国际柔联会员国增至 19 个，它们来自四个大洲——欧洲、大洋洲、美洲和亚洲，非洲也通过欧洲国家加入了进来。

　　1956年，日本东京举办了第一届世界柔道锦标赛，来自21个国家的31名运动员参加了比赛，成为当时的国际竞赛项目之一，也是参加人数较多和竞赛组织较健全的竞赛项目之一。

国际柔道联合会会标

　　从此，具有日本民族特色的柔道，已成为一个国际性体育项目。1964年，在日本东京举行的第18届奥运会上，柔道运动被列为奥林匹克运动会的正式比赛项目。

　　在柔道运动走向国际体坛后，国际柔道联盟章程上第一条就明文规定："国际柔道联盟确认柔道系嘉纳治五郎开创。"

　　在男子柔道日益走向热门化的同时，女子柔道运动也逐渐表现出走向世界体坛的趋势。目前，男子和女子比赛分别设有7个级别（世界柔道男女成年锦标赛中另设有无差级别比赛）。

女子柔道运动的发展

　　女子柔道运动，最早也始于日本。嘉纳治五郎自1882年创建日本讲道馆柔道以后，于1893年，在日本讲道馆开始招收女生，并亲自传授柔道。但当时只限于进行一般训练而不组织比赛，直到1926年嘉纳治五郎67岁时才在讲道馆正式开设了女子柔道部。但是，由于他极力主张女子学习柔道主要是修养身心、锻炼身体、自卫防身、无须像男子那样"争赢斗胜"，所以在他这种思想戒律的禁锢下，直至他病逝前，女子柔道运动一直未能列为日本国内正式的体育竞赛项目。

　　1948年在英国、法国等国家柔道爱好者的倡议下，成立了欧洲柔道联合会，并决定每年组织一次欧洲柔道锦标赛，同时积极地宣传推广女子柔道运动。经过多年的努力，妇女参加柔道运动的人数与日俱增，

女子柔道 63 公斤级

而且要求举办欧洲女子柔道比赛的积极性日渐高涨，1970 年欧洲柔道联合会便举办了欧洲女子柔道锦标赛，由于西欧等国女子柔道运动的广泛开展与兴起，促进了国际间的交流与了解，也进一步推动了世界各国女子柔道的开展。

因此，积极要求国际柔联举办世界女子柔道比赛的呼声也越来越强烈。1972 年，国际柔道联合会正式表示："五大洲中，已有三大洲举办女子柔道锦标赛，如果结果理想，便可举办世界柔道锦标赛。"

20 世纪 70 年代，女子柔道在全世界范围内开展起来。1978 年，国际柔道联合会正式决定举办女子柔道比赛，并对女子比赛级别做了具体规定。这一决定很大程度上推进了女子柔道运动的迅猛发展。

1980 年 11 月 29 日，第一届世界女子柔道锦标赛在美国纽约举行，此后，女子柔道得到了迅速发展。1983 年 10 月 16 日，国际柔道联合会在莫斯科召开的会议上宣布，国际奥委会已原则上同意，女子柔道将在 1988 年列为第 24 届奥运会（汉城）的表演比赛项目。

时隔不久，国际奥委会通过决议，在 1992 年，女子柔道被列入奥运会正式比赛项目。并且，在 1992 年奥运会上，我国女子柔道选手庄晓岩获得 72 公斤以上级冠军；在 1996 年奥运会上，我国女子柔

第 24 届奥运会主会场：汉城

道选手孙福明也获得了 78 公斤以上级冠军；在 2000 年奥运会上，我国女子柔道选手袁华获得了女子 78 公斤以上级冠军，实现了奥运会柔道大级别的三连冠。此外，唐琳获得了 78 公斤级冠军。在 2004 年第 28 届奥运会上，我国女子柔道选手冼东妹获得了 52 公斤级冠军，这是我国在奥运会女子柔道小级别比赛上的首次突破。

2008 年奥运会柔道比赛佟文夺冠

在 2008 年 29 届奥运会中，冼东妹再次摘金，夺得女子柔道 52 公斤级冠军，78 公斤级选手杨秀丽和 78 公斤以上级选手佟文也为中国柔道再添二金，2008 年奥运会是中国女子柔道的巅峰时期。

盲人柔道运动的发展

盲人柔道属于重竞技比赛项目，是专门为视力有障碍的运动员设立的比赛项目，这项运动本身非常具有观赏性。这种人与人搏击的体育项目比单纯展示人体自身体能素质的比赛更能让观众兴奋起来。因为其中除了力量之外，还包含了大量的应用技巧；选手们除了需要具备强健的体魄，还需要有非常清晰的战术思路。观看选手如何制服对方、控制对方正是这项运动最吸引人的地方。这项比赛充分体现了盲人运动员身残志坚的拼搏精神。有人说："盲人柔道项目是盲人唯一可以与健全人抗衡的项目。"

盲人柔道规则繁复，而且较之其他运动项目更注重选手间的礼仪。开赛前双方选手要互相致礼，比赛过程中也要遵守严格的场上规则。从以往比赛的获胜者看来，那些获胜者不单在技巧上取胜，他们更有让对

盲人柔道比赛中

手尊重的职业品质。

另外由于盲人柔道是专门为视力障碍的运动员设置的比赛项目。在比赛中选手看不到裁判员所做的判罚手势，他们主要是依靠听觉。所以在观看盲人柔道比赛时，除了为运动员加油助威以外，在裁判员宣判时要保持安静，以免影响运动员比赛。

比赛分为男、女个人赛和男、女团体赛。该项目使用的规则、场地、比赛形式与健全人柔道基本相同。其区别在于，在运动员预备动作时要提前相互提拉住对方的衣襟。这项运动的形式适合于盲人身体功能障碍的局限，易于在盲人体育运动中推广。

1988 年，在汉城举行的第 8 届残疾人奥运会上，盲人柔道第一次被列入正式比赛项目，当时只有开展这个项目较早的日本、韩国等七八个国家参加该项目，并且只有男队参加了比赛。2004 年，在雅典举行的第 12 届残疾人奥运会上，女子盲人柔道作为正式项目被列入比赛。

目前，盲人柔道运动的世界大赛除残奥会以外，还设有世界盲人柔道锦标赛，每两年举办一次。1980 年国际盲人运动协会（IBSA）成立，其宗旨是组织和发展盲人的体育活动。目前，已有 60 多个国家和地区成为该组织的成员。这些国家和地区每年都举办盲人柔道锦标赛，以及各种邀请赛。国际盲人运动协会（IBSA）的成立，积极地推动了盲人柔道运动的发展。雅典残奥会盲人柔道比赛有 29 个国家和地区的 120 名运动员参加。

2004 年，雅典残奥会盲人柔道比赛中，我国女子选手薛兰梅夺得

70 公斤级比赛的冠军,男选手王云峰在73 公斤级的比赛中名列第一。

北京 2008 年残奥会共获得 4 枚金牌:分别是女子盲人柔道 48 公斤级决赛,郭华平击败巴西选手卡拉·卡多佐,获得冠军;女子盲人柔道 52 公斤级决赛中,崔娜击败法国选手桑德里娜·奥里埃·马蒂内,获得冠军;女子盲人柔道 57 公斤级冠军由王丽静夺得;女子盲人柔道 70 公斤级以上金牌由袁艳萍摘得。

伦敦 2012 年残奥会中,柔道 70 公斤级以上选手袁艳萍卫冕成功,为中国女子盲人柔道夺得一金。

北京残奥会袁艳萍夺金

我国柔道运动的发展

新中国成立后,柔道运动正式发展,但当时只有上海中华基督教青年会第二分会和精武体育学会的柔道爱好者有此活动。1950 年由日本侨民麻生泰范主办的上海柔道馆开始招收学生、学员、职工等进行柔道运动的业余练习。

"文化大革命"后,于 1977 年 6 月 6 日通过有关组织给国家体委领导寄了一份关于恢复"国际摔跤"建立"柔道"项目的书面请示报告。于 1979 年 6 月 5 日至 6 月 24 日在北京工人体育场先后举办一期全国柔道教练员,一期全国柔道运动员训练班,并聘请了当时在北京工人体育场工作的日本友好人士川西秀先生(柔道三段)担任教练员,为我国培养了新中国成立以来的第一批柔道教练员和运动员。

第一期全国柔道教练员训练班于 1979 年 4 月 8 日至 5 月 5 日举办。

第二全国柔道运动员训练班于 1979 年 6 月 4 日至 24 日举办，为了准备迎接日本成蹊大学柔道队的来访任务，此次训练班以训练运动员为主。新中国成立后的第一届全国男子柔道锦标赛，于 1980 年 9 月 11 日在河北省秦皇岛国家体委训练基地练习馆正式进行，从此填补了我国体育运动史上的一项空白。

日本成蹊大学

为了使女子柔道能够健康顺利发展，在国家正式决定开展女子柔道运动之前先在西安进行女子柔道运动的训练试点，全国首次女子柔道邀请赛在 1981 年 9 月 8 日至 13 日顺利在山西省忻县举行并圆满结束。1985 年 5 月，在浙江省温州市举办的全国女子柔道比赛时，被正式列为全国第一届女子柔道锦标赛，从而填补了我国体育运动史的又一项空白。

PART 3 目前状况

柔道从日本走向世界

柔道起源于日本，也是由日本推向全世界的，成为当今世界体坛的一个重要的比赛项目。由于男、女各有 8 个比赛级别，众多的金、银、铜牌吸引着世界各国相继把柔道列为本国和本地区的重点项目迅速地发展起来。

过去，日本一直是这个项目的霸主，几乎包揽了最轻量级、中量级和重量级的全部金牌。然而在今天，特别是 1995 年，无论是在欧洲、亚洲和拉美各国、各地区所举行的国际比赛，还是 1995 年 9 月在日本举行的世界柔道锦标赛上，日本男子和女子各个级别，均已明显地落后了，不再是称霸世界柔坛的主宰者。

在 1995 年世界柔道锦标赛男、女各 8 个级别的比赛中，日本仅获 3 枚金牌（男 2 枚、女 1

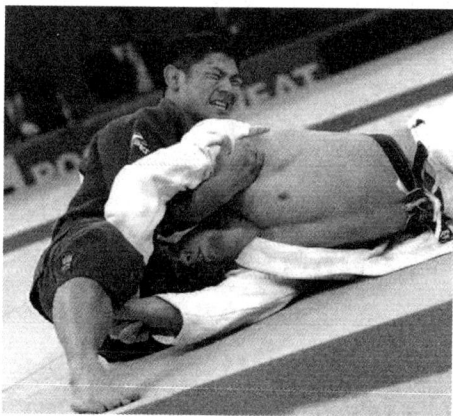

韩国选手黄熙泰战胜哈萨克斯坦选手夺得冠军

枚）、2 枚银牌、5 枚铜牌，与 1994 年世锦赛相比差之千里。取而代之的是亚洲的韩国，实力强大的法国以及古巴、荷兰和德国等。

过去对日本威胁最大的苏联，由于全面解体而使实力分散，一时尚难以恢复。因此 1995 年的世锦赛俄罗斯仅获 1 枚金牌，但经过一段时期之后，俄罗斯仍然是世界柔坛上的一支劲旅。2012 年的伦敦奥运会上，俄罗斯在柔道项目比赛中获 3 枚金牌，1 枚银牌，1 枚铜牌。韩国目前后备力量较雄厚，而且有自己独特的技、战术。

中国女子柔道在过去几年中进步较大，不论是 48、56 以及 61 公斤级都有显著的进步。虽然未能在 1995 年世锦赛中获得金牌，因在 48 公斤级比赛中负于日本人称之为"神童"的 20 岁大学生田村亮子而获得亚军，却给这位"神童"以极大的威胁。中国男队过去总的实力较差，但在 1995 年世锦赛和 1995 年 11 月亚洲锦标赛中，在轻、中量级中均有所获。中国在 2012 年伦敦奥运会上获得 1 枚银牌，1 枚铜牌。日本与韩国女队，甚至俄罗斯和荷兰队均把中国女子柔道队视为她们的威胁。

日本男子重量级过去一直很强，但 95 公斤级和超 95 公斤级以及无差别级的日本优秀选手小川直也、冈泉茂等人均在走下坡路。仅有秀岛和古贺两人获得两枚中量级金牌。韩国和以色列对他们的威胁很大。

对日本威胁更大的是欧洲各国（法国、德国、荷兰、比利时等）。日本男子国家队主教练、前世界冠军山下泰裕在 1995 年世锦赛之后叹息道："本届大会是日本过去所参加的历届世锦赛包括奥运会在内，获得奖牌数最少的一次。对日本来说，这次的失败还不是最重要的，关键在于欧洲各国，特别是亚洲的韩国、中国的女选手，已跃居世界一流强手之林。欧洲各国出现了一大批新秀，在面临诸多强手的今天，对日本来说，我们感到后备力量严重缺乏。日本柔道的前景令人十分担忧！"日本国家女队主教练野濑清喜也惊呼："本想无差别级的阿武教子稳操胜券，但她在第三场比赛中就输给了中国的张颖，紧接着又败给了古巴选手，这是没有料到的！"

问题并不是日本在走下坡路，而是整个世界柔道运动水平在普遍地提高，日本没有跟上世界柔道发展的总趋势，落后是必然的。目前，世界柔道运动正迅速地向前发展，其发展速度超越了人们的预想。特别是欧洲各国，亚洲的韩国和中国，美洲的古巴等国的发展令人惊奇，

阿武教子在赛场上

而且每个国家都有自己独特的技、战术。因此，尽可能多地参加国际大型比赛，加强互访，进行双边和多边的交流，将是今后我国应当重视的问题。

很明显，从 1995 年的国际大赛中可以看出，欧洲型和亚洲型的柔道在技术和战术上的区别越来越大。正如日本女子柔道队在与欧洲选手们共同训练和比赛之后所说的，"从耐力、技术、战术和力量方面来看，日本女选手均不及欧洲选手，而且差距较大。特别是在进攻要害部位的战术和招术的运用方面，欧洲男女选手均有独特的优势。在这方面韩国选手吸收欧洲型进攻技术较快。"日本一国称霸的时代已成为过去。国际柔道界的权威人士（包括日本的柔道专家们在内）称 1995 年的国际柔坛为"战国时代"，是有其特殊意义的。

日本虽是柔道的发祥地，但日本选手的技术已落后于形势的发展。改革训练体制、训练方法和手段，吸取诸国之长，发展和创造自己独特的战术与技术，将是各国柔道运动走向更高水平的途径。

中国取得历史性的突破

自 1979 年我国开展柔道运动以来，我国经历了从没有任何成绩，到在亚洲锦标赛、亚运会、世界锦标赛、奥运会的比赛中，多名国际运动健将为我国夺得 32 枚金牌、32 枚银牌和 43 枚铜牌的骄人战绩。起步较迟的中国柔道队，现已跻身于世界柔坛的先进行列，这是我国柔道运动几十年以来团结拼搏、艰苦奋斗的真实写照。

男子柔道

1982 年 7 月，在香港举行的亚柔联特别代表大会上，通过了我国柔协加入亚柔联的决议。按照国际柔联章程的规定，进入亚柔联就自动成为国际柔联会员国。从此，我国柔协就有了享受会员国的一切权利，也有了参加国际上组织的各种重大比赛的资格，这标志着我国柔道运动在现代化建设新时期取得的巨大成绩，也意味着我国柔道健儿的技术水平将要迈向新的里程。

1984 年 3 月 28 日，我国男子柔道运动员，首次参加了在科威特举办的第 8 届亚洲柔道锦标赛，取得了 3 枚银牌，3 枚铜牌。而在 1996 年 26 届奥运会的参赛资格赛中，我国男柔 7 名选手有 6 名取得了参赛资格。

在 1996 年亚特兰大奥运会男子柔道

刘胜刚在比赛中

比赛中，我国柔道年轻的后起之秀刘胜刚，以5战3胜的成绩夺得了95公斤以上级的冠军，这是我国男子柔道运动自开展以来在亚洲锦标赛中取得的首枚金牌，实现了我国男子柔道运动历史性突破。

国际柔道联合会主席在出席新闻发布会上表示：中国虽然拥有良好的柔道运动发展前景和丰富的大赛经验，但依然存在"女强男弱"的现象。伦敦奥运会结束之后的国际柔道联合会已和中国展开合作，用以促进中国男子柔道运动的发展。对于双方的合作，委泽显得自信满满，并表示："2015年世锦赛上，全世界必将看到中国男子柔道的长足发展。"

女子柔道

1983年7月，我国刚开始起步组建女子柔道队，肩负着全国人民的重托和希望，于1985年3月赴日本东京参加第二届亚洲女子柔道锦标赛。这对起步晚、基础差、没有大赛经验的中国年轻的女柔来说是一次严峻的考验和锻炼。

在强手如云的角逐中，我国参赛的7名队员全部获得前三名的优异成绩，其中最为引人注目的高凤莲，她以7战全胜的绝对优势分别获得72公斤以上和无差别两个级别冠军。李忠云、李春荣也分别获得48公斤和56公斤的冠军。柳艳梅、时艳春分别获66公斤和72公斤以下级别的亚军。张仙花、王晓

高凤莲在比赛中

东也分别夺得52公斤61公斤的第三名，他们成为亚洲柔坛具有实力的一支队伍，实现了亚洲的夙愿。并且在以后参加的历届亚运锦标赛中也一直保持着优势地位。

我国女子柔道在参加世界锦标赛中也为祖国争了光。1984 年我国女子柔道队第一次参加在奥地利维也纳举办的第三届世界柔道锦标赛，高凤莲夺得 72 公斤以上级的第二名和无差级第三名。1986 年在荷兰马斯特里赫特举办的第四届世界女子柔道锦标赛中，高凤莲、李忠云分别夺得 72 公斤以上级、48 公斤级的冠军，刘进林夺得无差级的冠军，为我国女子柔道在世界柔道锦标赛中摘取了具有历史意义的两枚金牌，实现了我国女子柔道在世界女子柔道史上金牌"零"的突破。

1987 年在德国埃森举办的第五届世界女子柔道锦标赛上，高凤莲又一路过关斩将，在 5 场比赛总共用了不到 8 分钟的时间，就蝉联 72 公斤以上级的世界冠军，同时还夺得了无差级的冠军。1989 年，第六届世界女子柔道锦标赛在南斯拉夫贝尔格莱德举行，我国选手高凤莲以 5 战全胜的绝对优势再次荣获 72 公斤以上级的世界冠军，成为世界女子柔道史上第一个在该级别中荣获"三连冠"的东方女杰。从此，中国女子柔道已跻身世界先进水平的行列，柔道被列为我国参加奥运会的重点项目。

李忠云

1992 年第 25 届奥运会上，国际奥委会第一次把女子柔道列为奥运会的正式比赛项目。我国女柔共夺得 1 金、2 铜的好成绩。

1996 年第 26 届奥运会，我国女柔选手再次夺得 72 公斤以上级的金牌、66 公斤级的铜牌和 56 公斤级的第 5 名，圆满地完成了预定指标。

在 2000 年第 27 届奥运会柔道比赛中，我国女柔选手取得 78 公斤以下唐玲和 78 公斤以上袁华 2 枚金牌，63 公斤级李淑芳 1 枚银牌，52

公斤级刘玉香 1 枚铜牌和 57 公斤沈君、48 公斤赵顺欣两个第五名的优异成绩，这是我国柔道奥运参赛史上最为辉煌的记载。

之后，2004 年第 28 届奥运会柔道比赛中，我国选手冼冬妹突破性地取得了 52 公斤小级别的第一枚金牌，48 公斤级高峰和 70 公斤级秦东亚获一枚铜牌的优异成绩，在 2008 年第 29 届奥运会中，冼东妹再次摘金，卫冕女子柔道 52 公斤级冠军，杨秀丽和佟文也分别获得 78 公斤级以及 78 公斤以上级的金牌。这是我国柔道运动在国家体育总局重竞技运动管理中心直接领导下，以及全体教练员、运动员和科研医生、陪练、后勤人员的共同努力，团结奋斗的结果。

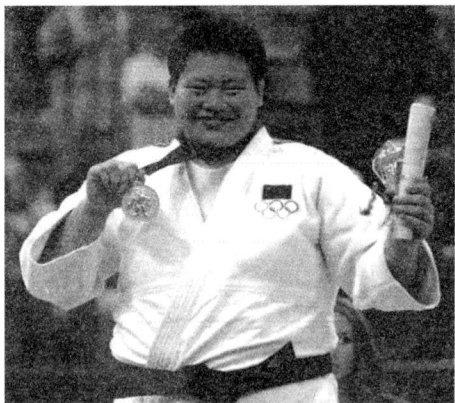

2000 年奥运会是袁华奥运生涯的鼎盛时期

2013 年柔道洲际杯赛于 3 月 16 日在乌拉圭开幕。中国选手表现出色，获得一金两铜的佳绩，其中金牌来自刘静的女子柔道 52 公斤级。

PART 4 竞赛规则

基本规则

运动员要按照一定的方法进行比赛，并须遵循一定的规则，以使比赛有序进行。

比赛有效区

比赛区

比赛必须在比赛有效区进行，裁判员应在此基础上进行裁决和监督。

比赛必须在比赛区进行。当一方或双方在比赛区以外时，所有技术动作无效。具体指的是站立摔时，比赛者的一只手、一只脚或膝在比赛区外，或在施舍身技或寝技时身体的一半以上在比赛区外，均作场外论，但下列情况例外：

比赛的一方把另一方摔出比赛区，在该技术动作有了明显效果之前，施技的一方步出比赛区，如果该技术动作继续不停顿地进行，并且施技的一方在该动作出现明显效果之前处于比赛区内时，可以考虑到该技术动作有效。

当宣布"压技开始"之后，压技时满，一方认输，或宣布"压技

"解脱"之前，只要比赛任何一方的身体的任何部分，仍然触及比赛区，就被认为"压技"仍然在继续。

在大内刈、小内刈等技术时，施技者的脚或腿离开比赛移动安全区的上方，但只要施技者身体重心不在离开赛区的那只脚或腿上，该技术应判有效。

柔道比赛场地

在"压技"进行时被控制住的一方可以施绞技或关节技，即使他身体的一半在比赛区外，但假如"压技解脱"或双方出界则应宣布"暂停"。

施技过程中，施技的一方的身体在比赛区外处于悬空状态（在空中与垫子脱离接触），只有在被摔者的身体比施技者身体的任何部分在比赛区外先着垫子，该技术才能被判为有效。

由于区分比赛区和安全区的红色危险区直接属于比赛区的界限之内，在站立摔时比赛者的任何一方只要他的脚仍然接触红色危险区，则被认为是在比赛区内。

在施舍身技时，施技者身体的一半或一半以上在比赛区以内，所施的技有效（施技者的任何一只脚，在他本人的背部或臀部着垫子之前不能离开比赛区）。

在寝技中只有在比赛双方的身体至少有一半在比赛区以内，动作才能被认为有效，并允许继续下去。

在投技中，施技者在施技时倒在场外，该技术动作只有在对方的身体比施技者的身体先着垫的情况下才能被考虑评分。因此，假如施技者的膝、手或身体的任何部分比对手先着垫子，任何技术动作无效。

一旦比赛开始，比赛者离开场地必须得到主裁判的许可后，才能离开。这种离开比赛场地的现象，仅仅在非常特殊的情况下才出现。例如有必要更换不符合规定的或被撕破弄脏的柔道服等。

比赛时间

比赛时间应按照国际柔联规则来决定。并且，世界柔道锦标赛和奥运会的柔道比赛时间须按照国际柔联规则来决定。

比赛时长

男子比赛时间 5 分钟，女子比赛时间 4 分钟。主裁判在进场之前应该知道每场比赛的时间。一场比赛的结束取决于比赛的时间是否到，不取决于主裁判是否宣布"比赛结束"。

比赛时间和竞赛方式根据竞赛规程来决定。任何比赛者在两场比赛之间有权得到与下一场比赛相等的休息时间。

比赛过程中时间的扣除

凡是主裁判宣布"暂停"和"开始"，以及"原姿势暂停"和"开始吧"之间的时间，不应计算在比赛时间之内。

时间信号

比赛时间结束时，需用铃声或其他类似的可以听得见的手段通知主裁判。

当同时使用好几个比赛场地时，需要有不同的、可以听得到的报时手段。报时信号要盖过观众的喧哗声，达到被听得见的响度。

"压技时间"

"一本"：30 秒。

"技有"：25 秒或 25 秒以上但

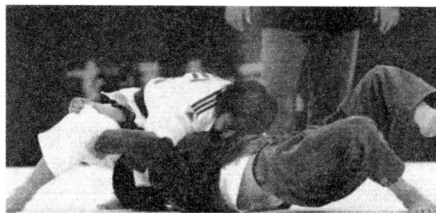

压技 25 秒获胜

不到 30 秒。

"有效"：20 秒或 20 秒以上但不到 25 秒。

"效果"：10 秒或 10 秒以上但不到 20 秒。

"压技"时间不少于 10 秒时，与 1 次进攻同等看待。

当比赛结束的时间信号和宣布"压技开始"的口令同时发生，则比赛应延长直到主裁判宣布"一本"（或与"一本"等值）或"压技解脱"、"暂停"为止。

和比赛结束的时间信号同时使用的技术

任何技术的明显效果如与比赛结束的时间信号同时发生则有效。在比赛结束的时间信号和宣布"压技开始"的口令同时发生的情况下，比赛时间延长至主裁判宣布"一本"（或与"一本"等值）或"压技解脱"、"暂停"为止。

任何在表示比赛结束的铃声或其他表示结束的信号发生后，所使用的技术均被认为无效，即使主裁判没来得及宣布"比赛结束"的口令也如此。

一个技术动作如与表示比赛时间的铃声同时产生，但如果主裁判认为它没有立即显示出效果，他应宣布"比赛结束"。

比赛开始

开始程序

比赛者应面对面地站在比赛区内和自己标志带颜色相同的红、白标志线上，然后相互行立礼并向前一步，在主裁判宣布"开始"的口令之后，开始进行比赛。

比赛总是由站立姿势开始。在每场比赛开始之前 3 名裁判（1 名主裁判 2 名副裁判）须一起站在比赛场地的界线内（中间）向主席台行礼，然后就位。

1 名主裁判和 2 名副裁判应在比赛者进入比赛区以前就位完毕。

主裁判应面对计时台，站在距离比赛者开始比赛时的位置 2 米以后的中间位置上。

假如比赛者没有行礼，主裁判应该喊"礼"提醒他

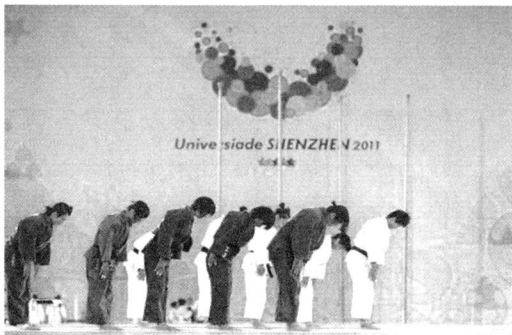

中国队队员（后）和日本队队员在比赛前向裁判席鞠躬致意

们，然后再宣布开始的口令，使比赛开始。

比赛双方在比赛开始和结束时须互相致礼。

主裁判在开始之前应确实保证"一切就绪"。例如：场地设备、卫生状况、比赛服装、裁判工作人员等是否合乎要求。

乌克兰队队员（前）获胜后与对手波兰队队员致礼

主持一个单元的第一场比赛的 3 名裁判员（1 名主裁判 2 名副裁判）入场后在就位前须面向主席台行礼。主持该比赛单元的最后一场的 3 名裁判员（1 名主裁判 2 名副裁判）在退场之前须面向主席台行礼。主持一个单元第一场比赛和最后一场比赛之前各场比赛的裁判员须尽可能快地就位。

施礼程序

1. 启示礼

在每个赛时的首场比赛之前，第一组 3 名裁判主裁判排在 2 名副裁

判之间行进到安全区，面对主席台的中间位置站好后向主席台施礼。

然后进入赛场危险区再次向主席台施礼并相互施礼。施礼毕，分别走到自己的位置上开始比赛。

2. 主、副裁判互换职能

在一场比赛之后，如果主裁判要与场上一名副裁判互换职能，这样副裁判将变成主裁判。主、副裁判沿着危险区相互走近施礼，然后互换位置。

3. 互换职能礼仪

每个赛时的第一组 3 名裁判员进行过施礼程序后，其后替换的每组裁判员走到安全区边上，只按启示礼的程序施礼并就位。

4. 裁判离场

当一场比赛结束之后，如果 3 名裁判需离开场地，应走回规定位置向主席台施礼后离开赛场。

5. 结束礼

在每个赛时的最后一场比赛结束后，3 名裁判走到规定的位置上向主席台施礼，接下来互相施礼，然后离开赛场。

向寝技转移

转移

在下列情况下比赛者可以从站立姿势向寝技转移。但技术不再继续发展时，主裁判可令比赛双方恢复站立姿势。

（1）比赛的一方施投技取得效果，然后没有停顿地转入寝技进攻。

（2）比赛的一方施投技没有成功而倒地或失去平衡，有倒地倾向，另一方乘机转入寝技。

（3）比赛的一方在站立姿势时使用绞技或关节技能取得相当的效果，然后没有停顿地转入寝技。

（4）比赛的一方使用一个类似投技但不完全是投技的技术动作使对方倒地，然后没有停顿地转入寝技。

（5）在本条上述各项没有包括的任何情况下，比赛的一方利用他的对手倒地或将要倒地的机会，转入寝技。

例：当一方运动员使用"引入返"（一个抱紧在一起的翻滚动作）一类的技术，而在动作结束时两名运动员呈分离状态，该动作可以被当作投机评分。

当比赛的一方不按规定把对方拖倒进入寝技，而对方愿意利用此机会继续进行寝技比赛时，主裁判可以允许比赛，继续进行，但要给予违反规定的一方注意处分。

暂停比赛

可暂停的情况

主裁判在下列情况下为了暂时中断比赛可宣布"暂停"，当比赛重新开始时，主裁判应宣布"开始"。

当比赛的一方或双方出界时；

当比赛的一方或双方违反禁止事项时；

当比赛的一方或双方负伤或发病时；

当有必要让比赛的一方或双方整理柔道服装时；

在寝技中比赛没有明显的进展，而又出现比赛的双方相互缠着腿的情况时；

当比赛的一方处于从寝技中将对方负在背上呈站立或半站立姿势时；

当比赛的一方处于站立姿势，或从寝技转入站立姿势，并把仰卧在垫子上用腿缠着自己身体的对方提离垫子时；

当比赛的一方在站立姿势时施绞技或关节技而效果又不能立即显示

出来时；

当裁判委员会或裁判们希望进行协商时；

在其他的情况下，主裁判认为有必要暂停比赛时。

主裁判宣布"暂停"之后，仍然需要把比赛的双方保持在自己的视野中，以免比赛的双方因没有听见"暂停"口令而继续比赛。

主裁判不能宣布"暂停"以阻止比赛一方或双方出界，除非出界会造成危险。

当比赛的一方从对方使用的"压技"、"绞技"及"关节技"中挣脱出来，显示需要休息时，主裁判不能宣布"暂停"。

如果"暂停"的宣布会给比赛的双方造成危险时，主裁判不能宣布"暂停"。

裁判对运动员动作进行制止

当俯卧在垫子上的一名运动员背负着他的对手起立，并且对手已离开垫子，这时主裁判应宣布"暂停"。

在寝技比赛时，主裁判错误地宣布了"暂停"以致使比赛的双方分离开来，这时为了使比赛的任何一方受到公平待遇，主裁判和两名副裁判可根据"三者合议"的原则令比赛的双方尽可能地接近原来的姿势，重新开始比赛。

在主裁判宣布"暂停"之后，比赛的双方须尽快地回到开始比赛的位置上。

在主裁判宣布"暂停"之后，比赛的双方须保持站立姿势，听取指令或整理服装。当暂停的时间较长，则比赛的双方可采取坐的姿势。只有在接受医务处理时，运动员可采取其他姿势。

主裁判在比赛的一方出现轻微事故时可宣布暂停（例如：鼻出血、

指甲破裂、绷带松开、短时间疼痛等），并准许受委任的医生对事故进行快速处理。

主裁判在比赛的一方受伤或发病时可宣布"暂停"，并请受委任的医生进入场地进行快速检查。

当比赛的一方受伤并示意主裁判需要医生检查时，主裁判可以宣布"暂停"。但此项检查须尽可能快地去做。

当仲裁在受委任的队医的请求下同意该医生对受伤运动员做快速检查时，主裁判可宣布"暂停"。

原姿势暂停

在任何情况下主裁判需要暂时中止比赛时，他可宣布"原姿势暂停"（不要动）。例如，主裁判需要给比赛的一方或双方训令而又不希望造成双方相互位置的改变时，或需要给一方处罚而又不要使另一方丧失有利位置时。重新开始比赛时，主裁判宣布"开始吧"。

每当宣布"原姿势暂停"时，主裁判要注意不使双方的位置或抓握的把位有所改变。

在寝技中，比赛的一方示意受了伤，如有必要主裁判可宣布"原姿势暂停"，然后令双方恢复到宣布"原姿势暂停"前的位置，再宣布"开始吧"。

比赛结束

主裁判宣布"比赛结束"须符合下列原则

（1）当比赛的一方根据柔道规则，获得"一本"或获得"两次技有合为一本"时。

（2）当比赛的一方根据柔道规则，获得"综合获胜"时。

（3）当比赛的一方根据柔道规则，获得"不战获胜"时。

（4）当比赛的一方根据柔道规则，被取消比赛资格时。

（5）当比赛的一方根据柔道规则，因伤不能继续比赛时。

（6）当一场比赛的时间到时。

裁决胜负原则

当主裁判宣布"比赛结束"后，比赛的双方须回到他们开始比赛时的位置上去。主裁判按下述原则裁决：

（1）当比赛的一方获得"一本"或获得相当于"一本"的得分时，主裁判则判其为胜方。

（2）比赛终了双方均未获得"一本"或获得相当于"一小"的得分时，主裁判在下述基础上判定胜方：

1个"技有"胜过任何数量的"有效"。

1个"有效"胜过任何数量的"效果"。

（3）比赛终了双方的成绩记录上都没有分，或"技有"、"有效"、"效果"的累积数量完全相等，则主裁判应做出"判定"的手势并宣布"判定"。在宣布判定之前，主裁判和2名副裁判须根据比赛者的态度、动作的质量及技术效果等因素评出胜方。主裁判根据2名副裁判的意见，加上本人的评判，按照"三者合议取多数"的原则宣判结果。如果2个副裁判的意见不一致，他可以做出自己的判决。在宣布"判定"之后，假如主裁判的意见不同于2名副裁判时，他可以延缓宣判，以便与副裁判商议，然后再次宣布"判定"，并在"三者合议取多数"的基础上进行宣判。

（4）在一场比赛规定的时间之内，记分板上不能显示胜方，而且根据本条的各项评判标准义不能对比赛的双方分出优势，在主裁判喊出"判定"之后可判为平局。

终场

在主裁判宣布比赛结果之后，比赛的双方须向后一步退到红、白标志线后，相互站立致礼，然后退出场地。

主裁判一旦对比赛宣布了结果并离开了比赛区，主裁判就不能对这项裁决做更改。

如主裁判误判胜负，2名副裁判必须确保主裁判在离开比赛区之前更正误判。

主裁判和副裁判根据"三者合议取多数"的原则所做出的所有决定将是最终决定，不得上诉。

在宣布"比赛结束"之后，主裁判仍须把比赛双方保持在自己的视野内，以免比赛的双方由于没有听到主裁判的宣布而继续比赛。

在宣布比赛结束之前，如有必要，主裁判可令比赛的双方整理柔道服。

和比赛结束的铃声同时施的投技，如主裁判认为没有立即显示效果，他应宣布"比赛结束"。

裁判员宣布结果

技术得分

一本

当主裁判认为比赛的一方符合下列标准时，他应宣布"一本"。

（1）比赛的一方使用技术以相当的力量和速度把对方摔倒成大部分背部着地的状态。

（2）在"压技"中。比赛的一方把对手控制住使其在宣布压技开始之后，30 秒之内不能摆脱对方的控制。

（3）比赛的一方用手或脚拍击 2 次或 2 次以上，或喊"输了"时。此种情况大都出现在绞技或关节技中。

（4）当比赛的一方使用绞技或关节技，充分显示出技术效果时。

柔道选手用"一本"战胜对手

与"一本"相等的情况：

当比赛的一方受到"取消比赛资格"的处罚时。另一方将被宣布为胜方。

当比赛的双方，同时获得"一本"时，主裁判应宣布"平局"。此时双方都有权要求立即重新比赛。假如只有一方实施他要求重新比赛的权利，而另一方放弃，在这种情况下则要求重新比赛的一方将被宣布为"一本"胜利。

投技中获得"一本"的 3 个必要条件见"以相当的力量和速度把对方摔倒成大部分背部着地的状态"。

同时施技。当出现比赛的双方同时进攻，同时倒地而主裁判和副裁判判不出哪一方施的技占优势时，则判无效。与此同时主裁判须做出无效手势。

在寝技比赛中，如主裁判误判一方得"一本"，而比赛的双方又互相分离。为了不使

柔道选手使用"投技"

比赛的一方受到不公平的待遇，此时主裁判和副裁判可按照"三者合议取多数"的原则令比赛的双方尽可能地回复到原来的姿势。

如比赛的一方在被摔时，有意在做桥（头和脚后跟接触垫子，而身体的其他部分在垫子上方成拱形状）。虽然他这样作为是避免让对方得"一本"，但主裁判仍可根据技术的质量判"一本"或其他得分（因为柔道不鼓励做桥）。

只有在站立姿势时所施的技才能被判为投技"一本"。

两次技有合为一本

假如比赛的一方在一场比赛中，第二次获得"技有"，主裁判应宣布"两次技有合为一本"。

综合胜利

凡遇下列情况，主裁判可宣布"综合胜利"。

当比赛的一方获得一个"技有"，而对方随后又受到一次"警告"处分时；当比赛的一方已经受到了"警告"处罚，而对方又获得了一个"技有"时。

一本制胜

技有

当比赛的一方使用技术符合下列标准时，主裁判应宣布"技有"。

比赛的一方使用投技摔倒对方。但技术效果在评判"一本"的3个条件中，有一项不见时；在压技中，比赛的一方将对方固住，使其在25秒以上但不到30秒的时间内不能摆脱。

与"技有"相等的情况：

如果比赛的一方受到"警告"处罚，在比赛结束时，应判对方得一"技有"。

虽然某一技术动作，例如巴投体现出符合评判"一本"的 3 个条件——有速度、有力量地把一方摔成背部大部分着地，但在投的过程中有停顿，这时该动作最高只能判"技有"。

"技有"得分

有效

当比赛的一方使用的技术符合下列标准时，主裁判应宣布"有效"。

当比赛的一方施投技将另一方摔倒，但该技术动作的效果在评判"一本"的 3 个条件中有 2 项不足时。例如：

（1）"背部大部分着地"这一项不足，同时，"速度"和"力量"这 2 个条件中又有一项不足。

（2）"背部大部分着地"这一项已达到要求，但其他 2 项"速度"和"力量"都有不足之外。

在"压技"中，比赛的一方将另一方面固住，并使其在 20 秒以上但不到 25 秒的时间内不能摆脱。

与"有效"相等的情况：

如果比赛的一方受到"注意"处罚，在比赛结束时，应判对方得一"有效"。

无论"有效"积累的数字有多少，都不等于一个"技有"；但总数要记录下来。

效果

当比赛的一方使用的技术符合下列标准时，主裁判应宣布"效果"：

（1）当比赛的一方有速度、有力量地把对方摔成大腿或臀部着地时。

（2）在压技中比赛的一方将对方固住，并使其在 10 秒以上但不到 20 秒的时间内不能摆脱。

与"效果"相等的情况：

如果比赛的一方受到"指导"处罚，在比赛结束时，应判对方得一"效果"。

无论"效果"积累的数字有多少，都不等于一个"有效"或"技有"，但总数要记录下来。

把对方摔成胸、腹、膝、手、肘等部位着地，可以与其他进攻同等看待。同样，在压技中把对方固住不到 10 秒，也作一进攻看待。

男子柔道 81 公斤级比赛

压技开始

当比赛的一方使用的技术符合下列标准时，主裁判应宣布"压技开始"。

（1）施固技的一方须将对方控制住，并使他的背、1 个或 2 个肩与垫子接触。

（2）施固技的一方可从侧面、后面、上面等方向控制对方。

（3）施固技的一方不能使自己的腿被对方控制住。

（4）2名比赛者的身体至少大部分应处于赛区，压技才能开始。

使用"压技"把对手控制的一方，可以由一种姿势的"压技"转换成另一种姿势的"压技"，只要不失去对对方的控制，就看做是压技在继续，直到主裁判宣布"一本"（或"技有"或相等于"两次技有"合为"一本"的情况）或"解脱"为止。

在"压技"中，任何一方的身体只要仍触及比赛区，就看做是"压技"在继续进行。

在"压技"进行中，处于有利地位的一方，若违反禁止事项，须加以处罚，此时主裁判须宣布暂停。令双方回到开始比赛时的位置上

利用"压技"在比赛不到1分钟即以"一本"战胜对手

去，宣布处罚（以及"压技"的得分数），然后宣布"开始吧"重新由站立姿势开始比赛。

在"压技"进行中，处于不利地位的一方，如违反禁止事项，此时主裁判应宣布"原姿势暂停"（如果需要给予"警告"或更高的处罚时，主裁判应尽快与副裁判商议）给犯规者以处罚，然后对比赛的双方宣布"开始吧"，重新开始比赛。如果需要给予犯规的一方"取消比赛资格"的处罚，主裁判需要按照柔道规则第29条3款处理。

当比赛的一方不可能使用"压技"控制对方时，主裁判须宣布"压技解脱"。

假如2名副裁判都认为"压技开始"而主裁判却没有宣布，此时副裁判应打出"压技开始"的手势，向主裁判示意。主裁判应根据"三者合议取多数"的原则宣布"压技开始"。同理，如果主裁判宣布

了"压技开始"而 2 名副裁判不同意，他们应打出无效的手势。

在"压技进行"中处于不利地位的一方可使用"绞技"或"关节技"，即使此时双方身体的一半以上已在比赛区外。但如果"压技"已解脱或是双方的身体已完全离开比赛区，主裁判必须宣布"暂停"。

当"压技"在边界附近进行时，比赛者的身体留在比赛区内的部分已成"投影"状况（悬空如榻榻米脱离接触）主裁判须宣布"压技解脱"。

在宣布了"压技开始"之后，被压的一方成功地把双腿成剪刀形地压住对手的另一条腿时，主裁判宣布"压技解脱"。

寝技进行中在主裁判宣布了"原姿势暂停"后，假如随后给予一方的处罚是"取消比赛资格"的话，主裁判应宣布"比赛结束"，以结束该场比赛。

当被压的一方的背部虽然不再和垫子接触（例如"做桥"），但还是被另一方控制住，这时"压技"仍然被认为继续进行。

禁止事项

1. "指导"处分给予任何轻微违例的一方

（1）为了逃避比赛故意不与对方交手。

（2）在站立姿势时采取极端的防守姿势。

（3）在站立姿势时，当固定抓握形成后，不做任何进攻动作。

（4）制造进攻的假象而没有摔倒对方的真正意图（虚假进攻）。

（5）双脚完全站在危险区内，除非开始一次进攻、实施一次进攻、向对方反攻或防守对方的进攻。

（6）在站立姿势时，继续抓握对方下列把位而又没有进攻的动作：用单手或双手抓住对方的腰带或上衣底襟；用双手抓住对方同一侧的领襟或柔道上衣；用双手抓住对方柔道衣的 1 条衣袖。

（7）在站立姿势时，为了防守的目的，持续抓对方的 1 条或 2 条袖口。

（8）用1只或1只以上的手指插进对方的袖口或裤脚口，或把对方的袖口拧起来抓。

（9）在站立姿势时，为了逃避比赛，持续地交叉抓握对方的1只或2只手指。

（10）没有得到主裁判的许可，故意弄乱柔道服，或随意解开或系上腰带或裤带。

（11）用腰带的末端或柔道服上衣缠绕对方身体的任何部位。

（12）用嘴咬住对方的柔道服。

（13）用手、手臂、脚或腿直接接触对方的脸部。

（14）在站立姿势时用单手或双手握住对方1只脚或2只脚，1条腿或2条腿，1只裤脚或2只裤脚（除非同时使用一个投技动作）。

（15）当甲方仰卧垫上，而乙方已成功地站了起来，或跪在垫子上处于能把甲方提起来的位置，甲方仍然用双腿环绕乙方的颈部或腋下。

2. "注意"处分给予严重违例的一方（或给予已受到过"指导"处分，而又轻微违例的一方）

（1）双腿或剪刀形夹住对方的躯干（"胴绞"）、颈部或头部（双脚交叉，同时伸直双腿）。

（2）为了使对方松开所抓握的把位，用膝或脚踢对方的手或臂。

（3）用脚或腿钩住对方腰带、衣领或门襟。

（4）为了解脱对方的抓握，在对手的手指部位施反关节技。

（5）为了进入寝技把对方拖倒。

（6）站立比赛时，一面在比赛区内施技，一面步出赛场。

3. "警告"处分给予任何有重大违例行为的一方（或给予已经受到过"注意"处分，而又轻微违例的一方）

（1）故意走出比赛区或故意迫使对手走出比赛区。

（2）企图使用以一条腿缠住对方的腿，并与对方大致面向同一方向，同时往后倒并压在对方身上的技术摔时（"河津挂"）。

（3）在肘关节以外的任何关节部位施反关节技。

（4）使用任何能损伤对方颈椎和脊椎的动作。

（5）把躺在垫子上的对方提起来再向垫子上砸下去。

（6）当对方使用股腰等技术时，从内侧踢对方的支撑腿。

（7）在比赛区外或企图在比赛区外施技。

（8）不听从主裁判的指挥。

（9）在比赛过程中发出不必要的叫声或做出无视对方人格的言行。

（10）做出任何有可能伤害对方或给对方造成危险的动作，或违背柔道精神的动作。

（11）使用腋固技术或企图使用腋固一类的技术直接倒地。

4. "取消比赛资格"的处分是给予有极为重大的违例行为的一方（或给予已受警告处分，又有任何违例行为的一方）

（1）使用内股、腰等技术时，身体向前、向下弯曲以致颈部撞击垫子。

（2）比赛的一方从背部抱住另一方时，任何一方有意识地控制对方一起向后仰。

（3）带有坚硬的金属制品（无论覆盖与否）。

关于"没有进攻意识"，指的是比赛的一方或双方在 20 ~ 30 秒之内没有进攻动作，这个时间可延长或缩短，根据具体情况而定。当主裁判认为比赛的一方或双方没有斗志时。第一次劝告可不给处罚；以后重犯可给予"指导"或更高一级的处罚，假如先前有过处罚的话。

把禁止事项分为四类，目的是作为准则，以便更清楚地理解所有禁止事项适合的有关处罚，主裁判或副裁判可根据犯规的"意图"和情况以及对体育运动最有利的原则行使判罚的权力。

当主裁判决定对比赛的一方或双方判罚时，须暂停比赛（在寝技中"原姿势暂停"除外），令双方回到开始比赛时的位置上去，用手指指向违反禁止事项的一方或双方并宣布判罚。

　　主裁判在宣布一方"取消比赛资格"时，在令比赛双方回到比赛开始时的位置之后，应向前走到比赛双方之间面向处罚的对象，指向他宣布"取消比赛资格"，然后主裁判向后回到他原先的位置上宣布"比赛结束"，并宣判胜方。

　　在宣布"警告"处分或取消比赛资格之前，主裁判必须与副裁判们商议，使判罚符合"三者合议取多数"的原则。如果比赛的双方同时违例，应根据违例的程度，分别给予双方相应的处罚。当比赛的双方受过警告处分，接着又因犯规而受到进一步处罚时，应宣布

柔道选手负伤

双方"取消比赛资格"。然而，在这种情况下，裁判员可以根据柔道规则的精神，做出最后决定。寝技中警告或取消比赛资格的实施状态与压技开始后相同。当比赛的一方不按照柔道规则的规定，将对方拖入寝技，而对方又不利用这种情况继续寝技比赛，主裁判须宣布"暂停"，暂时中断比赛，并对违反柔道规则的一方宣布"注意"处分。

　　处罚不能累积。每一处罚必须按其本身的性质而定，任何第二次，或其后的处罚都使先前的处罚自动取消。对已受到过处罚的比赛者如再受罚时，其处罚至少要比原来的已受处罚加重一级。

　　当主裁判判罚时，如有必要，可用简单的动作表明给予处罚的原因。

　　"消极"是比赛的一方或双方在 20~30 秒内持续无进攻动作。注：对消极不做劝告，如主裁判认为比赛者在认真寻求进攻机会，这虽然没有进攻动作也不作"消极"处理。

主裁判可以允许比赛双方短时间内处于危险区内（最长不超过5秒）。

比赛的一方用双手抓握对方同侧衣襟，假如这种状况是由于对方用头部潜入抓握者的臂下造成的，则不能给予处罚。如果对方持续做这种头部潜入臂下的动作，主裁判可考虑作为"采取极端防守姿势"来处理。

"缠绕"动作是指用腰带或柔道衣缠绕1周，把腰带或柔道衣当作固定物（不缠绕）套住对方手臂不能给予处罚。

颜色部位指的是：前额、双耳前、腭部以上的部位。

在寝技中比赛的一方故意出比赛区，应予"警告"处分。但在出界之前，"压技"已经宣布（即使被压的一方故意脱离比赛区），也应允许"压技"继续，直到压技解脱或定局后，主裁判再给防守的一方以处罚和宣布压技得分（假如有得分的话）。

使用扣腰、内股等技术时，从类似腋固的姿势开始，仅用1只手抓住对方衣襟（在这种动作中，对方的手腕夹在施技者的腋窝下），将对方的脸部向下摔倒在垫子上，这种动作容易造成对方受伤，应受到处罚。

企图不把对方摔成背部着垫子的动作是危险的，其处罚应与腋固相同。

假如中断比赛会给比赛者造成危险，主裁判不应宣布"暂停"。

对于在规定的比赛时间之内的违例行为，在宣布了"比赛结束"之后也能给予处罚，或者在一些特殊情况下，对一些在比赛结束的信号已经发生后的严重违例行为，只要比赛结果尚未宣布，也能给予处罚。

不战获胜及弃权获胜

"不战获胜"的判定，若一方未出场比赛给予他的对手不战获胜。主裁判在宣布"不战获胜"之前，必须确实得到裁判长的授权。

"弃权获胜"的判定，一方以任何理由弃权的，给予他的对手弃权获胜。

比赛的任何一方，如不符合柔道规则的要求，则不参加比赛。他的对手，经过场上 3 名裁判商议之后，将以"弃权获胜"获得该场比赛的胜利。

在比赛中，如果 1 名比赛者失掉隐形眼镜又不能立即戴上，并告诉主裁判他不戴隐形眼镜不能继续比赛。主、副裁判经过商议以后，主裁判可宣布对方"弃权获胜"。

不战：1 名比赛者在 3 次点名后仍不能站到开始比赛的位置上，将丧失比赛资格。

负伤、疾病或事故

当比赛的一方或双方负伤，严重程度需离开比赛场地做处理，或需要医生做两次以上的检查时，主裁判和副裁判商议之后，可结束比赛，并根据柔道规则的其他有关规定，宣判比赛结果。

如果医生在对负伤的一方或双方进行检查之后，通知主裁判该负伤者不能继续比赛时，主裁判和副裁判在商议之后可结束比赛，并根据柔道规则的其他有关规定，宣判比赛结果。

日本选手负伤后被背出

比赛的一方或双方的负伤程度，需要医生在比赛场地做处理时，主裁判和副裁判商议后，可结束比赛，并根据柔道规则及其他有关规定，宣判比赛结果。

当比赛的一方因负伤、疾病或事故在比赛期间不能继续比赛时，主裁判和副裁判商议之后可根据下列规定做出胜、负或平局的决定。

负伤

（1）负伤原因在于负伤者本人，判负伤者负。

（2）负伤原因在于没有负伤的一方，判没有负伤的一方负。

（3）当负伤原因不能决定在于何方时，在宣布判定之后则可做平局处理。

疾病

当比赛的一方在比赛期间因发病而不能继续比赛时，通常判他负。

事故

当事故的出现起源于外来因素时，在宣布判定之后，须做平局处理。

主裁判须确实保证将比赛的每一方因接受医务检查而中断比赛的次数记录下来。

通常每一方比赛者只允许由一名医生进入比赛场地做检查。如医生需要助手协助，他必须先通知主裁判。

记分员须出示一个十字记号，表示第一次检查，两个十字表示第二次医务检查。示意板的底色应该是绿色的，十字记号应备有红、白两色，以便与比赛双方的红白腰带一致。

负伤处理（例外情况）

（1）如果致伤是由于对方造成的，主裁判可允许医生在比赛场地的垫子上对负伤者进行处理，这种情况不可作为医务检查记录在案。

（2）对轻微事故（鼻出血、指甲破裂、短时期疼痛、绷带散落）的医务处理必须尽快进行。如果比赛者鼻出血，主裁判可允许医生对负伤者进行处理，这种情况下作为医务检查记录在案。

（3）如果一个比赛者可以迅速地使自己的手指复位，这是小伤。

（4）如果一个比赛者迅速平复自己的痉挛，这是小伤，如果持续发作，必须按柔道规则第5条"医务检查"处理。

（5）医务检查：任何小伤重复发作、出血都必须进行医务检查并记录在案。

（6）只有当主裁判认为负伤是由于对方造成的情况下，才允许治疗。负伤原因不在对方，将不允许进行治疗。如果医生对比赛者进行药物治疗，该比赛者被判为负，对方将获得弃权胜利。

（7）如果一名比赛者由于小伤要求医务检查，应作为一次医务检查记录在案。

（8）在比赛中，如果被施技者由于对方原因受伤而不能继续比赛，主裁判就致伤原因进行分析，然后根据柔道规则做出判决，判决要根据是非曲直做出。例：负伤由于对方使用禁止动作造成，经过医务检查后，医生通知主裁判负伤者不能继续比赛。主裁判和副裁判商议之后，对施技者做出处罚。如果在恢复比赛之后，受伤的一方由于先前负伤感觉疼痛不能继续比赛，对方不应受到进一步处罚；出于同样的理由，在这种情况下，将判受伤者负。

（9）随队医生出于对正在比赛的本方进行负责，特别是在对方使用绞技时，如果明显看出本方运动员的健康会受到严重损伤，他可以走到比赛场地的边上，叫主裁判立即停止比赛，主裁判应采取所有必要的措施协助医生。医生的介入将导致本方运动员输掉比赛，因此，只能在本方运动员确实危险时才能使用。

柔道选手负伤应战

（10）负伤的原因不能决定在于任何一方，因此，任何一方都没有责任时，判能够继续比赛的一方胜。这种情况如果出现在团体赛中，将判为平局。

教练员决不允许进入比赛场地。

参加国际柔联举办的锦标赛的各比赛队正式队医必须具有一定的医学水平，必须在比赛开始前施行注册登记。医生是惟一可坐在比赛场地内指定区域的人，必须有明显的标志，诸如戴上一个有红十字的袖标。

当比赛队的队医被认定以后，比赛队所属国家的柔道协会将对该队医的行为负责。

必须向队医通告竞赛规则的条文和更动。在每次国际柔联举办柔道锦标赛之前，国际柔联指导委员会必须组织随队医生开会。

特殊情况

如出现柔道规则没有涉及到的情况时，将由主裁判和副裁判商议之后做出决定，进行处理。

奥运赛制

男、女柔道分别在 1964 年第 18 届奥运会和 1992 年第 25 届奥运会上被列为比赛项目。在奥运会上，男选手得分并赢得比赛的时间是五分钟，女子为四分钟。如果双方都没有得分，则由三名裁判按照多数票的原则确定胜者。每个重量级别的项目都设有一块金牌，一块银牌和两块铜牌。

奥运会柔道比赛

在悉尼奥运会上，有 400 名选手参加柔道比赛，他们不再身着白色传统服装，而是一名选手着白色服装，另一名选手着蓝色服装。

每个级别的选手首先分到两个组进行单淘汰赛，然后小组前两名进入半决赛，胜者争夺冠军。

运动员也许是为了强调柔道运动是任何身材的人都能参加的运动，悉尼奥运会上最引人注目的两名柔道选手身材的确相差悬殊。

北京奥运会柔道比赛共设 14 个小项，男女各 7 项，分别是男子 60 公斤级、66 公斤级、73 公斤级、81 公斤级、90 公斤级、100 公斤级、100 公斤以上级，女子 48 公斤级、52 公斤级、57 公斤级、63 公斤级、70 公斤级、78 公斤级、78 公斤以上级。

竞赛方式

比赛实行单败淘汰复活赛制。通过抽签，柔道运动员被分成 A、B 两个半区，各半区又相应地被分成两组：A1、A2 组和 B1、B2 组。淘汰制将产生两名获胜者。

2007 年世锦赛前三名运动员作为种子选手参加本人相同级别的奥运会比赛。

所有被 A1、A2、B1 和 B2 组胜者击败的柔道选手将参加各自小组的复活赛，比如：被 A1 组胜者击败的第一个选手将与被 A1 组胜者击败的第二个选手进行比赛，比赛的胜方将与第三个被 A1 组胜者击败的选手进行比赛，其他依此类推；A1 组复活赛的胜者将与 A2 组复活赛的胜者进行复活赛决赛。

复活赛决赛的两名胜者将与另一半区决赛的失败者进行争夺铜牌的比赛（2 名铜牌获得者）。

A、B 半区的胜者将进行金、银牌的比赛。

决赛段，即复活赛决赛，以及半区决赛将会安排在两块比赛场地上同时进行。铜牌赛将依次在一块场地上进行，冠亚军赛也同样。

比赛时间

按照《国际柔联体育和竞赛组织规则》和《国际柔联裁判法则》的规定，男子和女子每场比赛均为5分钟（实际比赛时间）。

抽签

国际柔联官员主持奥运会柔道14个级别（男子7个，女子7个）的抽签工作。

称重

称重在奥运村进行，并由国际柔联指定的官员负责监督工作。各级别的正式称重将在该级别比赛当天早上进行。每名运动员在正式称重时只允许进行一次称重，并且体重必须在各自级别的限制之内，不得超出或低于各级别的规定。运动员可以在比赛当天早上使用正式称重所用磅秤进行非正式称重。

胜负的评定标准

一场比赛中运动员获得"一本"后，该场比赛即可结束；获得"一本"的运动员获得本场比赛胜利。一场比赛中没有出现"一本"胜利时，在规定的比赛时间内，则按"技有"、"有效"、"效果"的多少评定胜负。但是一个"技有"胜过所有的"有效"和"效果"。一个"有效"胜过

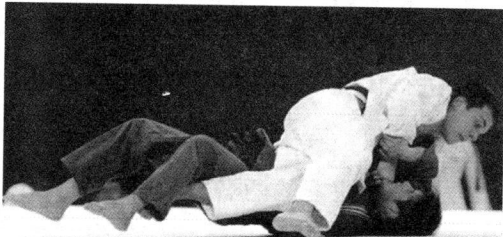

"一本"获胜

所有的"效果"。

选手使用技术只有部分成功的，可以获部分得分。当然，制服对手不是成功就是失败，但是每个回合中最高"质量"的得分会决定比赛的胜负。将对手摔倒、固定在垫子上以后，开始计时。如果仅使对手背部部分着地，但是有一定的速度或力量，将对手固定在垫子上时间不到25秒的，10秒后可以获得部分得分。

如果双方得分相等，则进行加时赛，加时赛中先得分者获得该场比赛胜利。加时赛结束后，如果双方得分还没有改变，则由主场上三名裁判员经过商议后，举旗决定胜负。

禁止事项

柔道比赛禁止击打对方，不许用头、肘、膝顶撞对方。除肘关节外，不许对其他关节使用反关节动作；不许抓头发和生殖器。禁止使用任何可能伤害对方颈椎或脊椎的动作。运动员所有的犯规行为都要受到相应的处罚，直至取消比赛资格。

犯规及处罚

犯规

以下情况属于犯规行为：

击打对方，用头、肘、膝顶撞对方，抓对方头发及下部；

用手、脚、腿或胳膊击打对方的脸部；

对肘关节之外的其他关节使用反关节的动作；

使用任何可能伤害对方颈椎或脊椎的动作；

在比赛中防守过度，被对方推挤出比赛区域或故意躲避对方，给对方造成危险。

超出比赛区域

超出比赛区域指的是柔道选手身体的任何部分超出了比赛区域。如果参赛一方将另一方摔出，而本身由于失去重心而跌出场外，则按照被摔选手的落地时间来判断其是否犯规；被摔选手若先着地，则不算犯规；反之，算犯规。在比赛中被对方用合乎规则的动作摔出场外则不属犯规。

处罚

运动员有犯规行为或是超出比赛区域，根据情节轻重受到"指导"、"注意"、"警告"、"取消该场比赛资格"（一本犯规）的处罚。运动员在一场比赛中，受到两次警告，就取消该场比赛资格，判对方获胜。最为严重的犯规是一本犯规，但在判罚前，裁判需与边裁商定。

盲人柔道

盲人柔道是专门为视力有障碍的运动员设立的项目。比赛分为男、女个人赛和男、女团体赛。该项目使用的规则、场地、比赛形式与健全人柔道基本相同。区别在于，在运动员预备动作时要提前相互提拉住对方的衣襟。这项运动的形式适合于盲人身体功能障碍的局限，易于在盲人体育运动中推广。盲人柔道运动非常具有观赏性，充分体现了盲人运动员身残志坚的拼搏精神。

执行规则

（1）执行国际柔道联合会规则。
（2）执行国际盲人柔道规则。

抽 签

（1）比赛前一天进行各级别的

残奥会盲人柔道比赛

抽签。

（2）各代表队最多可派 2 名代表参加抽签。

称量体重

（1）盲人参赛运动员于赛前 2 小时称量体重。

（2）在正式称量体重前 1 小时允许运动员使用正式称量体重的秤进行试称。

（3）正式称量体重时，点名运动员只能有一次称量机会。

（4）称量体重时，盲人运动员必须随身携带医学分级卡片。

（5）称量体重时，检查比赛服装；每名选手应有两套柔道服接受检查。

引导

比赛开始前参赛队员的教练员将其领到比赛场的安全区外，由副裁判员将运动员领进比赛区比赛开始时的位置，在运动员腰间系好带子；比赛结束后，由副裁判员将运动员领到安全区之外交给教练员，由教练员将队员带出场外。

在安全区外，在运动员比赛开始时所站的位置后面，为每个参赛者的教练员设置一把椅子。

每场比赛结束后，主裁判员需要领着获胜队员到记录台检查记录表，确认正确得分。

2008 年残奥会女子柔道比赛

比赛时间

（1）每场比赛男女均为 5 分钟。

（2）在离比赛结束还有 1 分钟、30 秒时，计时员必须用可听得见的声音宣布"离比赛结束 1 分钟"、"离比赛结束 30 秒"。可听得见的声音指有别于比赛结束信号的声音。

适用于盲聋运动员的竞赛规则

（1）运动员由两位裁判员领进场地，两位裁判员站在主裁判员侧方行礼，然后回到各自位置。

（2）运动员到达各自位置后，主裁判员让他们举起双臂试抓握对方一次，然后将胳膊放在身体两侧。

（3）如果是 B1 级运动员，裁判员准许他可先将一只手搭住对方。

（4）在主裁判员宣布"开始"前，双方运动员的脚不允许移动。

（5）由于参赛运动员是盲人，所以裁判员的判决（尤其是结束时）除了做出相关的手势外，还必须作出口语判决。如比赛结果白方获胜，就应在做手势的同时要用术语判定"白方"获胜。

（6）比赛中如果运动员都是聋人，裁判员可以在运动员手掌上划写代表犯规、暂停或者取胜的符号。

（7）比赛的开始：鞠躬以后，比赛双方靠近，距离一臂长度，把各自的右手放到对方的左手上，让他们掌掌相贴（注意：右掌向下，左掌向上），主裁判员宣布"Hajime"（开始吧）；如果是盲聋运动员，主裁判员在双方肩膀轻拍一次，宣布比赛开始。

（8）如果喊"Matte"（暂停），裁判员需要在盲聋队员的后背或肩膀上拍两次，表示暂停比赛。

（9）当一个运动员施投技或寝技成功时，主裁判员要在盲聋队员肩背上拍两下暂停比赛，然后宣布得分。

（10）Dsae－komi（固技开始）时，正常情况下，由裁判员立即在比赛的盲聋队员的一只脚上挤压一下来表示。

（11）喊"Toketa"（固技解脱），一般情况下，是裁判员在盲聋队员脚上挤压两下来表示。

（12）当裁判员喊"Sono – mama"（原姿势暂停）时，主裁判员的一只手要在盲聋队员的头上，然后松开；但在裁判员喊"Yoshi"（开始）之前必须放回到原来的位置，当裁判员喊"Yoshi"时，立即把手从该队员的头上拿开。

（13）当队员分开时，要告诉盲聋队员得分情况，暂停比赛；主裁判员在得分运动员的手掌上写 K，Y 或 W（K－科卡，Y－有效，W－瓦扎里），用这样的方法告诉得分队员的得分。

（14）告诉运动员受处罚时，要拉起他的手，在手背上写一个 S，C 或 K 以告诉盲聋队员受罚情况。

（15）消极处罚的信号是主裁判员拉住受处罚的盲聋运动员的手，使他手掌伸直，掌心向下，然后主裁判员用手做圆形动作摩擦盲聋运动员的手掌。

特殊规定

（1）如果一个比赛者的柔道服不符合规定，主裁判员必须令其在最短的时间内换上符合规定的柔道服。

（2）参赛运动员的柔道服必须洗净、干燥，不得有难闻气味；手指甲、脚趾甲必须修短；个人卫生必须达到高标准；为避免给对手造成不便，长发须束扎起来。

（3）每个级别至少应有两名运动员参赛，如该级别少于两名运动员时则取消该级别比赛；如一个级别仅有两名运动员时，则进行一场比赛，争夺金、银牌。如果一个级别有三名运动员参赛，将采用循环赛制比赛。

参赛运动员的分级

在残疾人奥运会的竞赛组织工作中，对参赛运动员进行医学功能分级是竞赛工作必不可少的一部分。根据运动员的功能能力进行系统的医学功能分级，是残奥会有别于奥运会的一个重要特点。进行医学功能分级的宗旨在于维护体育的公平竞争原则，提高残疾人体育运动的竞技性和竞争性。通常情况下，在比赛之前对参赛选手进行分级鉴定。

运动员分级标准

在残疾人奥运会的任何项目中，只要涉及盲人运动员的医学功能分级，均为 3 个级别且级别标准相同。具体标准如下：

B1 级：双眼无感光，或仅有光感但在任何距离、任何方向均不能辨认手的形状。

B2 级：视力为从能识别手的形状到 0.03 和（或）视野小于 5 度。

B3 级：视力从 0.03 以上到 0.1 和（或）视野大于 5 度小于 20 度。

运动员分级检测规定

进行医学分级检测时，测试的视力应为最佳已校正的视力。凡使用隐形眼镜或其他视力校正镜的运动员，在检测时均应配戴。

运动员只有符合具体的比赛分级要求及已设定的国际级别才有资格参加残疾人奥林匹克运动会。部分根据相关规定已经进行了医学功能分级检测并获得永久分级确认资格的残奥会运动员，可直接参加竞赛而不需再接受医学功能检测的复查。但是多数的运动员需要在赛前和比赛过程中接受医学功能分级检测的初检和复检。

残奥会盲人柔道运动员视力参赛标准

盲人柔道运动员根据视力程度分为 B1、B2、B3 三个视力等级，三个等级共同参加比赛。参赛的视力障碍运动员，比赛按照柔道竞赛规则和盲人柔道特殊竞赛规则执行。

其他规定：盲人柔道运动员可以同时是聋人。

PART 5 场地设施

柔道场地

场地规格

任何人进入柔道的场地，都必须遵守柔道的礼法。比赛场地是用榻榻米或类似榻榻米的材料铺设的，其面积最小为 14 米×14 米、最大为 16 米×16 米，颜色通常为绿色（根据世界柔道联合会有关竞赛的规定）。

比赛场地分为两个区域，两区域之间有一个约 1 米宽，通常为红色的区域，该区域称为危险区。危险区与比赛场地四周平行，并构成整个比赛场地的一部分。

危险区以内并包括危险区在内的区域称为比赛区，其面积最小为 8 米×8 米、最大为 10 米×10 米。危险区以外的区域称为安全区，其宽度约 3 米，但不能小于 2.5 米。

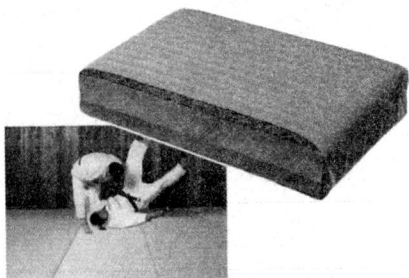

柔道榻榻米

在比赛区中央相距 4 米的位置应分别标出蓝色和白色标志，指出比赛者在比赛开始时和比赛结束时的位置。蓝色标志应在主裁判右侧，白色标志应在主裁判左侧。

比赛场地必须设在有弹性的地板或台上。当使用两个或两个以上相邻的比赛场地时，允许在两个场地之间共用一个不小于 3 米的安全区。

在比赛场地周围应保留 1 个不小于 50 厘米的空间。

比赛场地必须是用榻榻米或类似的合适材料铺设，其形状为长方形。目前比赛通常使用的是 1 米宽、2 米长的榻榻米，或用泡沫塑料压制成的垫子。但无论是用榻榻米垫子还是用泡沫塑料垫子铺设的场地，其垫子必须固定，并且具有缓冲的特性。垫子必须用红色或绿色塑料覆盖，既不能太滑，也不能太粗糙。比赛场地的垫子，必须排列得中间不留空隙，表面平坦，固定之后不会移位。

奥运会柔道场地

赛台可选用坚固而且有弹性的木材构成。台边长约 18 米，其高度不超过 50 厘米。

比赛设备

椅和旗（副裁判用）

两把轻便椅子必须放在安全区内，即比赛区的对角位置上。放置的位置不得妨碍副裁判和记录员记分板的视线。一面红旗和白旗须放置在每把椅子的皮套内。

记分板

两块记分板水平显示得分，记分板的高度不超过比赛场地 90 厘米，要设置在比赛场地之外，使裁判员、官员及观众能够容易看得见的地方。

处罚分将立即记录在记分板上，但是记分板上必须设有一个某方运动员受到处罚的明显标志。

在记分板上必须分别备有红、白两个十字记号，以便显示第一、第二次医务检查。当使用电动记分板时，必须备有人工记分板。

柔道记分板

计时器

必须备有 4 块计时器：

计比赛时间——1 块

计压技时间——2 块

备用——1 块

当使用电动计时器时，人工计时器作为核对和备用须同时使用。

旗（计时员用）

计时员须使用下列手旗：

黄旗——比赛时间

蓝旗——压技时间

当使用能显示比赛时间、压技时间的电动计时器时，不必使用黄蓝旗，但作为备用仍须设置上述手旗。

计时信号

铃或其他类似可以使主裁判听得见的装置，作为通知主裁判一场比赛结束的信号。

红白标志带

比赛者在表示段位级别的腰带上须系上红色或白色的标志带。标志带的宽度不小于 5 厘米，其长度须保证在绕腰一周系好后各端仍余有 20～30 厘米长的余量（点名在前者系红色标志带）。

记录员、记分员和计时员的位置

记录员和计分员须在面对主裁判并同时能看到记分员的位置上。

观众席的距离

观众席和比赛场地的距离不得小于 3 米。

备用人工计时器

计时器须放在负责计时人员的附近，其准确度在开赛前须加以检查。

备用人工记分板

记分板符合国际柔道联合会的要求，一旦需要使用时，由裁判自行掌握。

红、白十字记号

十字记号示意板的底色应该是绿色，十字记号应备用红、白两色，以便与红、白腰带相一致。

柔道的服装

　　练习和参加比赛的运动员必须赤足穿柔道服，柔道服包括上衣、裤子和腰带 3 个部分。参加比赛的双方运动员一方穿蓝色的柔道服，另一方穿白色的柔道服。

国际标准柔道服（白色）　　　　国际标准柔道服（蓝色）

柔道服的正确穿法

　　在柔道场上，必须赤脚，穿柔道衣。柔道服装是用棉质布料制成的，并且完好无缺（无裂缝或撕裂处），大小规格有一定的标准，可根据自己的身材选择尺码。

　　柔道服应为白色或蓝色。应先穿裤子，后穿上衣，再系腰带。

　　柔道上衣的右前襟必须放在里面，左前襟必须放在外面。柔道服的上衣长度须盖住大腿，当双臂在体侧向下完全伸直时，柔道服的上衣长度至少应超过双拳（约20厘米），上衣左前襟压右前襟应足够宽大，左右前襟在胸前的重叠部分至少为20厘米；柔道服上衣的袖子最长可至腕关节，最短的距离腕关节不得超过5厘米，在衣袖和臂之间应有10~15厘米的空隙。

柔道服的裤子长度应盖住双腿，最长可至踝关节，最短的距离踝关节不得超过5厘米，在裤子和腿之间应有10~15厘米的空隙。并且裤子不得带有任何标志。

腰部必须系一条结实的、其颜色代表自身段位的宽4~5厘米的腰带，腰带的长度在绕腰两周用方结系好后，两端各留20~30厘米长的空余段，这样可以防止上衣敞开。腰带的颜色标志着柔道的级别和段位。

无段位的腰带分别为：一级至三级系茶色（黑紫色）腰带；四级至五级系白色腰带。

有段位的腰带分别为：初段至五段系黑色腰带；六段至八段系红白色腰带；九段至十段系红色腰带。

女子授予段位的，在相关颜色的腰带正中镶以白色横线标志。

女子运动员须在柔道服上衣内穿一件白色或灰白色的T恤衫或短袖紧身衣，T恤衫或短袖紧身衣的长度须能够把底襟系在柔道服的裤子里。

如果一个比赛者的柔道服不符合本条规定，主裁判必须令其在最短的时间内换上符合本条规定的柔道服。

为了确认比赛者的柔道服长度符合规定，主裁判可令其将两臂向前平举与肩同高，须完全伸直进行检查，然后确认衣袖的空隙是否符合要求。主裁判可令其举起双臂并在肘关节处弯曲成90度以便检查。

柔道腰带的正规系法

先用两手握在柔道腰带的中间部位，然后将腰带的中部置于腹前向后缠绕一圈，两端在身后左右交叉再绕至腹前。

将左（右）端的柔道腰带压在右（左）端腰带的上面，经过两层腰带里面由下向上拉出，然后用左（右）端拉出的带子压在右（左端）带子的一面，从右（左）端带子下面穿出。手握腰带的两端，用力拉紧。系成死扣，形成规范的系结。

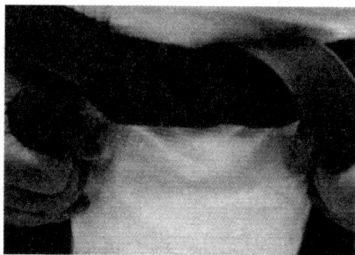

系腰带

柔道服的正确折叠方法

首先将柔道服上衣平放在垫子上，合成自然状，再将两袖内折。

把裤子对折好，竖着放在上衣的中间。

然后从中间把上衣在叠成两折。

将上衣从竖着的中间部位对叠在一起，用柔道带把叠好的柔道服从领部和底襟处以系柔道腰带的系结方法系捆起来。

段位制

柔道实行段位制，根据柔道比赛成绩和对柔道的贡献及从事柔道的年限等，分为五级十段。

级的规定

新手从一级至五级，然后经过技术和理论考试进段位。

段的规定

段位从初段到十段，初段必须年满 14 周岁；二段年满 15 周岁；三段四段未做出具体规定；五段必须年满 20 周岁；六段必须年满 27 周岁；七段必须年满 33 周岁；八段必须年满 42 周岁；九段、十段根据资历和贡献而定。

段位的授予

段位的授予是由各个国家的柔道协会根据柔道选手的技术水平及其他条件直接授予柔道选手的段位。

根据日本"讲道馆"的规定，凡是没有入段的选手，只允许系白色腰带；同时规定初段至六段的选手在国内和国际比赛中可以系通用的黑色带子。这项规定在国际比赛中被认可。

体重分级

国际柔道联合会规定，柔道比赛按运动员体重可分为 8 级。

体重级别

级别类型	男子	女子
超轻量级	60kg	48kg
轻轻量级	65kg	52kg
轻量级	71kg	56kg
轻中量级	78kg	61kg
中量级	86kg	66kg

续表

级别类型	男子	女子
轻重量级	95kg	72kg
重量级	95kg 以上	72kg 以上
无差别级	体重不限	体重不限

竞赛的级别

在奥运会上，根据参赛运动员的体重共分为男子：60 公斤级、66 公斤级、73 公斤级、81 公斤级、90 公斤级、100 公斤级、100 公斤以上级；女子：48 公斤级、52 公斤级、57 公斤级、63 公斤级、70 公斤级、78 公斤级、78 公斤以上级，共 14 个级别。

盲人柔道的场地设施

比赛场地

盲人柔道的场地大小与健全人的场地相同，与国际柔联的规则要求一致。比赛场地必须设在有弹性的地板或台上，最大为 16 米×16 米，最小为 14 米×14 米，比赛区最大为 10 米×10 米，最小为 8 米×8 米，比赛必须用榻榻米或类似

2008 年残奥会盲人柔道比赛场地

榻榻米的合适的材料铺设，颜色通常为绿色。比赛区包括 1 米宽的危险区，危险区通常为红色。在危险区外有不小于 3 米宽的安全区，比赛区与安全区四周平行。不允许两个场地共用一个安全区，两区之间间隔 2 米。

比赛器材

（1）比赛时，运动员所穿的柔道服应符合国际柔联的有关规定。

（2）所有 B1 级的运动员都必须在两个袖子的外边缝上一条直径为 7 厘米的红色的圈环。圈环的中心必须位于运动员肩膀以下约 15 厘米处。如果选手同时是聋人，则要将一条直径为 7 厘米的明黄色圈环置于其柔道服背部号码布的右上方。

（3）比赛者所系腰带宽度不得小于 5 厘米，长度须保证在绕腰一周系好后，各端仍留有 20～30 厘米长的富余。

PART 6 项目术语

柔道的技术

柔道的技术分投技、固技、挡身技三部分。

投技

手技动作有：浮落、背负投、背负落、肩车、体落、隅落、掬投、双手刈。

腰技动作有：浮腰、大腰、钓进腰、扫腰、跳腰、钓腰、移腰、后腰、腰车。

足迹动作有：膝车、大车、支钓进足、送足扫、大外刈、扫钓进足、大外落、内股、大内刈、小内刈、小外刈、出足扫、大外车。

真舍身技动作有：巴投、裹投、隅返、俵返。

横舍身技动作有：横挂、横车、浮技、谷落、横分、外卷入、内卷入、跳卷入。

固技

固技动作有：袈裟固、崩袈裟固、后袈裟固、肩固、上四方固、崩上四方固、横四方固、纵四方固。

绞技动作有：并十字绞、片十字绞、逆十字绞、送襟绞、片羽绞。

关节技动作有：腕缄、腕挫十字固、腕挫腕固、腕挫膝固、腕挫腋固。

挡身技

挡身技动作有：撞、打、踢、蹴、指扎、刺、翟、掌、砍等，以制服对方。

挡身技着重打击人体的要害部位，所谓要害部位，就是在打击这些部位比起打击其他部位来的更容易击倒对手。这些要害部位，大部分属于中国少林武术中称为"死穴"、"要穴"等穴位。关于我国武术中打击人体穴道的"点穴法"，在我国武术中属于不传之秘，自古以来不轻易传授；但是我们可以从挡身技中一些打击人体要害部位的技术动作中，可以看到我国古代传到日本的一些"打穴"、"点穴"的简单技术形式。

挡身技的拳法是，拇指在外握拳，以食指关节突出部分，向前突出。

挡身技的上劈掌是，五指并拢伸直，用小指根部为中心，向斜上方挥劈。挡身技的上劈掌是，五指并拢伸直，用小指根部为中心，向斜上方挥劈。

挡身技的后肘顶方法是，五指并拢伸直，将肘关节大致完成直角，用肘尖后面向对方打击。

挡身技的拳背打是，用拳背小指根关节突出部分打击。

挡身技主要打击的穴位有：天倒穴、鸟兔穴、人中穴、霞穴、睾丸穴、电光穴、明星穴、独钻穴、膝关节穴、水月穴等。

技术术语

足技

大外刈

小外刈

大内刈

小内刈

送足扫

内股

支钓进足

扫钓进足

出足扫

膝车

小外挂

手技

单手背负投

双手背负投

体落

肩车

浮落

山岚

双手刈

内股透

腰技

浮腰

大腰

移腰

钓进腰

扫腰

跳腰

腰车

后腰

钓腰

返回舍身技

巴投

外卷

跳腰卷

扫腰卷

引进返

浮技

横车

横落

谷落

固技

袈裟固

崩袈裟固

后袈裟固

肩锁固

上四方固

崩上四方固

横四方固

崩横四方固

纵四方固

绞技

片十字绞

逆十字绞

袖车绞

并十字绞

送襟绞

片羽绞

裸绞

后绞

三角绞

地狱绞

两手绞

PART 7 技术战术

基本站立姿势

柔道的站立姿势可分为自然体（包括自然本体、右自然体、左自然体）和自护体（包括自护本体、右自护体、左自护体）。

高站架

高站架，日名为自然本体。

高站架（自然本体）：两脚分开与肩同宽，在一条直线上，脚尖自然向外，体重平均落在两腿上，身体重心较高。因此，能迅速起动，有利于在施技过程中轻松自如地向前后左右移动步子。这是有利于攻防的一种基本站立姿势。

右站架（日名为右自然体）：是由自然本位站立姿势开始，右脚向右斜前方迈出一步的站立姿势。

柔道自然体

左站架（日名为左自然体）：是由自然本体站立姿势开始，左脚向左斜前方向迈出一步的站立姿势。

柔道立技

低站架

低站架，日名为自护本体。

低站架（自护本体）：从自然本体站立姿势开始，两脚向左右两侧分开比肩略宽，屈膝，降低身体重心，成半蹲姿势。此站立姿势由于重心较低，不能轻松自如地移动步子，所以在柔道运动中多数场合下还是用于自我保护，防守对方进攻或使用双手刈等抱腿技术的一种站立姿势。

右低架（日名为右自护体）：是从自然本体姿势开始，将右脚向右斜前方迈出一大步，两膝弯曲，降低重心，类似右弓步状，即形成右自护体。

左低架（日名为左自护体）：是从自然本体姿势开始，将左脚向左斜前方迈出一大步，两膝弯曲，降低重心，似左弓步状，即形成左自护体。

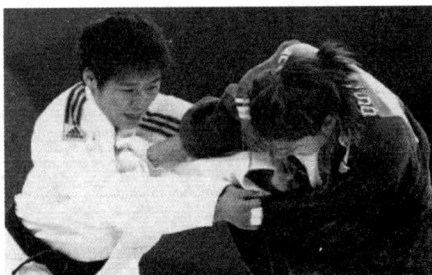

寻找机会打败对手

实战姿势

要领

要使进攻和防守，上体要放松，两膝微屈，身体重心低，上体略前倾，两肘贴在肋部，前臂向前伸出，尽量使身体重心平均分配在两腿上。

姿势

根据脚放置的位置又可以把实战姿势分为平立实战姿势、左实战姿势、右实战姿势三种。

平立实战姿势，也称左架，即从平行站立开始把左脚向前迈一步，站于另一脚的斜前方，两脚之间的距离约为一脚宽。

右实战姿势，也称右架，即从平行站立开始把右脚向前迈一步，身体重心降低。

柔道精彩瞬间（一）

基本步法

上步

动作过程：

左基本姿势站立，左脚在前，右脚在后，右脚先上前一步，再抬起左脚使用动作，如在使用大外刈时上步。

动作要领：

右脚上步时超过左脚，落在左脚前面。

背步

动作过程：

右基本姿势站立，右脚在前，左脚在后，右脚先上步，落至对方右脚前，身体左转，左脚背步

柔道精彩瞬间（二）

落在对方左脚前。如在使用背负投、大腰时使用背步。

动作要领：

使用背步时，使用者身体重心要快速降低。

跟步

动作过程：

右基本姿势站立，右脚在前，左脚在后，右脚先上前一步，将身体重心移至右脚上，左脚抬起。如在使用小内刈、大内刈，将身体重心移至右腿上，左脚抬起。如在使用小内刈、大内刈时使用跟步。

动作要领：

右脚上步时落在左脚后面。

柔道的倒地法

倒地法（又称受身）

柔道倒地法是在被对手摔倒或是自己倒地时，为减轻自身所受到的冲击力所采取的自我安全保护的方法。倒地的方法有前倒、后倒、侧倒、侧手翻前倒。在刚开始练习时最好先将身体从距离地面较低的姿势练起，然后再将身体逐渐升高进行练习。

向后倒地

向后倒地，日名为后受身。

预备姿势：两臂前平举与肩同宽、同高，上体保持正直，略向前倾，成下蹲姿势，提踵，臀部触及脚跟。

动作要领：后倒时要低头、含胸。收下颌，身体重心后移，形成圆形，依次以臀、腰、背的顺序触及垫子。倒地两眼应注视自己腰带部位的系结处；两臂拍击垫子时，自然伸直，五指自然分开，手心向下，两臂与身体的夹角约45度，要用整个胳膊拍击垫子，速度快而有力，两臂不得弯曲；从后倒开始至拍击垫子的整个过程，是在憋气的情况下完成的。

易犯错误：后倒时身体未能团紧，而且抬头，后果是易造成后脑触及垫子。拍垫时两臂未能伸直，伸直屈肘，发生用肘部撞击垫子的现象。拍垫时两臂与身体的夹角过大或过小，拍垫的时间过早或过迟，均达不到被摔时减轻身体所受的冲击力的目的。

后受身

向侧（左、右）倒地

向侧（左、右）倒地，日名为横受身。

预备姿势：由站立姿势开始，上体保持正直，两臂自然下垂，双目平视，两脚平行站立与肩同宽。

动作要领：由站立姿势开始，左脚先向前跨出一小步，身体重心移至左脚上，右腿随着向左斜前方摆出，同时右臂也随之向左斜上方抬起，五指自然并拢，手心向下；向右侧倒时，左腿弯曲成单腿下蹲姿势，臀部后坐，重心向右侧倾斜倒地，同时要低头、含胸、收腹。当臀部右侧着垫的时候，以身体右侧、右腿外侧、右脚外侧脚面着垫，左脚用脚掌着垫，右臂应快速有力地在体侧拍击垫子，臀与身体夹角约为40度，左手置于腰带处。侧倒时嘴勿张开，注意憋气。

易犯错误：

侧倒时未注意低头、含胸，甚至抬头；向右侧倒地时整个背部着垫。向右侧倒地时，左腿未能屈膝支撑在垫上，而是与右腿一样完全伸展，造成两膝内侧相互碰撞的现象。

注：左侧倒地时要领相同，只是方向相反。

向前倒地

向前倒地，日名为前受身。

预备姿势：身体自然站立，上体保持正直，目视前方，两臂自然伸直，两脚平行站立，距离与肩同宽。

动作要领：自然站立，收腹、立腰，两膝伸直。身体重心前移，两臂微屈，手心向下；五指自然分开，两手在胸前略成八字形。前倒时用两臂和两脚的脚趾支撑身体，胸、腹、膝部不得触及垫子（类似俯卧撑姿势），倒地时要注意憋气。

比赛中的"人仰马翻"

易犯错误：前倒时低头、收腹、屈膝，两手分得过宽或过窄；前倒后，胸、腹、两腿、脚面触及了垫子。

向前侧滚翻倒地

向前侧滚翻倒地，日名为前回转受身。

预备姿势：从右站立姿势开始。

动作要领：

做向左侧前滚翻倒地前，左手、左脚和右脚的位置形成三角形，右手放在左手与右脚之间，两手的手指相对，低头、屈膝、提臀；右脚略用力蹬垫，使身体经由右肩、左侧腰部、左侧臀部依次着垫。当左侧腰、臀触及垫子后，右腿稍屈，右脚全脚掌着垫，左脚外侧脚背着垫，左臂与身体成 30 度夹角，用力拍击垫子。

易犯错误：

两手与脚的位置未能按动作技术要领的要求放置。易形成类似垫上运动中的向前滚翻。翻滚过程中展腹，倒地后形成仰卧在垫上的姿势。

柔道技术

投技

背负投

背负投是柔道立技中的手技之一，它使对方向前方或右前方失去平衡，由后背摔将对方摔出去。方法有两种：一种是"双手背负投"；另一种是"单手背负投"。

1. 双手背负投

动作过程：

甲乙双方以右实战姿势组合，甲用右手抓乙的左前领向自己的前上方提，用左手抓乙的右袖边拉边前上提，使对方向前方失去平衡。

甲的右脚上步落在乙的右脚前，重心随之移至右脚尖上，同时右臂弯曲插进乙右腋

投技（一）

下。两臂用力拉乙的同时右转体，使乙的胸腹部紧贴自己的背部。左脚

背步落在乙的左脚前，两腿弯曲，降低身体重心；蹬腿、伸膝、发力、提腰，同时右臂上顶，左手向下拉，向左甩脸，主要用双腿的蹬力将乙从背上摔到右前方成侧倒。

技术要领：

右臂弯屈插进乙的右腋下，两臂用力拉乙的同时右转体，使乙的胸腹部紧贴自己的背部。左手拉时，边拉边前上提，使乙失去平衡后用右臂插进就比较容易。如果开始时左手就向下拉，右臂要想插进去就很困难；上步、背步要快，

投技（二）

两手一直在拉，要使乙的胸腹部紧贴自己的背部；腰不要弯曲过大，主要用双腿的蹬力摔出乙，而不是只用腰的力量。

化解与反攻：

甲双手拉时，乙双手用力回拉，同时左脚抢在甲上步的前面先上一步，迫使甲放弃使用此动作。

2. 单手背负投（也称一本背负投）

动作过程：

甲乙双方以右实战姿势组合，甲用右手抓乙的左前领，用左手抓乙的右袖边拉边前上提，使对方向前失去平衡；甲的右脚上步落在乙的右脚前，重心随之移至右脚尖上，同时右手松开并从乙的右胸前通过，用右臂贴着乙身体插进乙的右腋下并夹紧乙右上臂。

左脚背步落在乙的左脚前，两腿弯曲，降低身体重心。左手用力拉乙的同时右转体，使乙的胸腹部紧贴自己的背部；蹬腿、伸膝、发力、提腰，左手向下拉，向左甩脸，主要用双腿的蹬力将乙从背上摔出。

技术要领：右臂插进乙的右腋下，一定要夹紧乙的右上臂；上步、

背步要快，左手一直在拉，要使乙的胸腹部紧贴自己的背部；腰不要弯曲过大，主要用双腿的蹬力摔出乙，而不是只用腰的力量。

化解与反攻：甲的左手拉时，乙的右手用力回拉，同时身体后仰或向下快速降低身体重心，迫使甲放弃使用此动作。

背投

投技（三）

战术应用：

当对方的右脚向前迈出时：甲乙双方以右实战姿势组合，甲后退左步，使乙向前迈出右脚，甲左手用力拉乙，迫使乙向前失去平衡的同时上步、背步；使用单手背负投或双手背负投摔倒乙。

当对方的左脚向前迈出时：甲乙双方以右实战姿势组合，甲后退左步，使乙向前迈出右脚，甲的右手猛力往里拉，使对方的左脚向前迈，当对方的双脚形成一条线时，右手和左手同时用力提拉，使对方的身体重心移到两脚尖上向前失去平衡；或是用右臂猛推对方，然后放松，再次提拉使对方向前失去平衡，使用双手背负投摔倒乙。

大内刈

动作过程：

甲右架，乙左架组合，甲用右手抓乙的左前领，用左手抓乙的右袖，左脚向右脚后侧移动，右脚插向乙的两脚之间，同时右手向乙的左肩部按推，左臂向右侧提举，使乙的身体重心落在双脚后跟时，向其左后方失去平衡；把左脚靠近右脚后跟，身体重心移至左脚上，用右腿向对方的两腿之间贴脚跟插入并向右侧划拨。右手用力推，左手协助推拉，右腿继续并向右侧划拨，使乙向左后方仰卧摔倒。

技术要领：

插进右腿时，用侧位和对方形成直角，右腿插入不要太深；右腿向右侧划拨（划弧形），不能向后勾，且划拨乙腿的位置不要太高；也可用左手抓乙的右前领，左手抓乙左袖也可使用此动作；大内刈的一种变换方法（抱腿大内刈）：双方以右实战姿势组合，甲上右步于乙两腿之间，左脚跟步，用右肩抵住乙的胸部，用左手抱住乙的右腿向上抬起，同时用右腿别在乙左腿后，用划勾的动作摔倒乙。

化解与反攻：甲进攻时，乙向前抵抗的同时，将重心移至右腿上，抬起左腿化解掉甲的进攻。

战术应用：

（1）当乙前屈上体要抬头时：双方成右实战姿势组合，左脚后退一大步，右脚向左移动成侧身姿势，两手猛力向下拉。乙会抵抗起身恢复正常姿势。此时甲两臂放松，借乙要起身的力量，用大内刈动作将乙摔倒。

（2）当乙的左脚向前迈步时：双方成右实战姿势组合，两脚向前移动，两臂用力推乙，迫使乙后退并反抗回顶；等乙左脚向前迈步时，用大内刈动作将乙摔倒。

大外刈

动作过程：甲乙双方以右实战姿势组合，甲左手抓乙的右袖向自己的左腋下拉，右手抓乙的左前领（或后领）向后上提的同时并向左侧推，同时右腿向前移动，上体向左侧前倾，左脚快速移落在乙的右脚外侧，使乙向右后方失去平衡；将重心移至左脚，右腿迅速移至乙右腿后，脚尖向斜下，用腿后部猛切别乙的腿后部，同时双手配合左手继续拉，右手继续推；使乙未来得及抬腿的情况下向后仰卧摔倒。

技术要领：左手拉和右手提推及左腿的上步应是同时的，全力将乙的重心挤至其右腿上；左脚移至乙的右脚外侧，不要离得太远，身体右侧尽量与乙身体右侧贴紧；利用大外刈的要领，将自己的右腿别在乙的两腿后将其摔倒，则称为"大外车"。

大外刈

化解与反攻：甲进攻，乙向前抵抗的同时，将重心移至右腿上，左腿反切甲。

战术应用：当乙向前迈出右脚时，甲乙双方以右实战姿势组合，甲先推后松，使乙向前顶并迈出右脚，此时左手拉，右手拉提推连贯进行，右腿切别使用大外刈。

大腰

动作过程：甲方右架，乙方平行站立，甲左手抓乙的右衣袖，左臂抬肘左手拉乙的右袖，两手向自己方向用力提拉，使乙身体重心向前；右脚上步落在乙右脚前面，左脚背步落在乙左脚前面，同时两膝弯曲，转腰成半蹲姿势，右臂插入乙的左腋下，用右手搂住乙的腰部。将乙背在腰上，蹬腿发力，向左甩脸，用腰作为支点，将乙向前摔倒。

技术要领：转体时，两膝弯曲，采取半蹲姿势，腰臀部要与乙的腹部合严；左手先推后拉；经乙的肩头抓住其腰带，使用大腰的要领将乙摔倒，则称为"大钓腰"；经乙肋下部抓住其腰带，使用大腰的要领将乙摔倒，则称为"小钓腰"；在乙以大腰或其他腰技进攻时，将乙抱起摔倒则称为"后腰"；在乙以大腰或其他腰技进攻时，将乙抱起并转身扭腰将乙摔倒则称为"移腰"。

化解与反攻：甲进攻，乙的右手用力回拉，迅速降低身体重心，顶住甲的动作。

战术应用：在实战中，先推顶乙，待乙回力顶时，右手直接插进乙的左腋下使用大腰动作。

内股

动作过程：甲乙双方以右实战姿势组合，左手抓乙的右袖，右手抓乙的左前领（或后领），两手先推拉乙，使乙的两脚站在一条线上；左脚向右侧右脚后移动，右脚向乙的两脚之间的方向迈步，右手向自己方向提拉，左手向左后方拉，使乙向前失去平衡；左脚靠近右脚脚跟，身体左转，两手继续拉。将身体重心移至左腿，右腿插进乙的两腿之间，用右腿后部或右膝的后部向乙的左膝内侧利用左腿的向上弹力撩举，使乙以右腿为轴，向右前方摔倒。

技术要领：在拉乙时，要把自己的右胸部、右臀部和乙的上半身的下腰部分合严；左脚有一个背步的动作，尽量将乙的身体重心拉出其支撑面；在撩举动作前，自己的重心要降低，左腿可屈膝；也可先将左脚插入乙的两脚之间，然后右腿从左脚前迈过，身体大幅度地左转，直接将右腿插入乙的两腿中使用内股动作。

化解与反攻：甲进攻，乙的右手用力回拉，腰部前挺，迅速降低身体重；可用左腿下压乙的右腿并用身体向左侧挤压乙。

战术应用：

（1）在乙的上体前倾后要上抬时：两手先猛力向下拉乙，使乙身体前倾，此时乙一般会为保持稳定而抬上体。利用此时的机会，甲两手放松后再猛力向自己方向提拉乙，采用内股动作摔倒乙。

（2）在乙迈出左脚时：甲乙双方以右实战姿势组合，甲上步向前推顶乙，迫使乙后退，然后右手放松，当乙迈出左脚时，乘机使用内股动作。

（3）在乙后退右脚时：甲乙双方以右实战姿势组合，当乙后退右脚，身体重心要移动的瞬间，甲的右脚向乙的两脚前迈步，右手提，左手拉，左脚跟步靠近自己右脚跟的同时换脚，随之转体使用内股动作。

小内刈

动作过程：甲右架，乙左架组合，甲的右手抓乙的左前领，左手抓乙右袖，右脚向乙的两脚前迈进一步，左脚跟步成侧身姿势，同时右手向乙的右腿方向下按并前推，左手也下拉，使乙的身体重心移至右脚上，并向右后方失去平衡；甲左脚跟步后靠近右脚并支撑身体重心，用右脚掌部勾住乙的右脚跟的内侧横着划勾（稍有向乙的脚尖方向的勾），两手抓紧乙并配合向乙右后方猛推，将乙向后方摔成仰卧姿势。

技术要领：甲的身体前倾，腰和腿一般要伸直，右脚向内翻，用脚的外侧擦着垫子从乙的右脚内侧勾住乙的脚；两手的按和推的动作要和腿上的动作配合好，按的目的是使乙的身体重心落在其右腿上，推的目的是配合腿上的划勾用力，若只是推或只是勾或推的方向不对，都很难摔倒乙；一般来说，当乙的两脚之间的横向距离较大时，用小内刈动作比较适合；使用小内刈动作，带有向前冲击的动作时，右手也可配合腿的划勾采用自下而上抵住乙的下颚并向里拧的手法；在实战或比赛中，也可采用小内刈卷入的方法，即将右腿伸入乙的两腿之间并从后勾绊住乙的右腿，同时降低身体重心，用右肩和右肋部紧抵住乙胸腹部，用右手从外向里抱住乙的右腿（或者不抱），全身向前倾倒，摔倒乙。

化解与反攻：甲进攻下按乙，乙全力上抬右侧身体并将身体重心移至左腿上，右腿上抬摆脱甲的勾摔。

战术应用：

（1）在乙迈出右脚时：甲乙双方以右实战姿势组合，甲后退并用抓住乙的右袖的左手向自己方向拉乙，迫使乙迈出右脚，在乙的右脚将要落垫的瞬间，甲使用小内刈动作摔倒乙。

（2）当乙的右脚横向迈出时：甲乙双方以右实战姿势组合，甲将左脚横向迈步，右脚稍随之移动，此时身体应稍向左边侧位，不要用身体正面对着乙身体正面，使乙的右脚随着迈出，甲在乙的右脚将要落垫的瞬间，使用小内刈动作摔倒乙。

（3）当乙前屈上体后又要伸直时：甲先用猛力下拉的方法使乙向前屈体，然后双手放松，利用乙上抬身体的瞬间使用小内刈动作。

巴投

动作过程：甲乙双方以右实战姿势组合，甲的右手抓乙的左前领，左手抓乙的右袖，两手先推顶乙，利用乙回顶的瞬间，右脚向乙的两脚之间迈进一步，两手同时向自己方向平着猛拉，使乙向前失去平衡。

右脚滑步向乙的两腿深处插入，身体迅速下沉并后倒，用右脚支撑身体，左脚掌蹬在乙的右下腹部。

用左脚蹬起乙，两手继续平着向自己方向拉，在乙即将从自己头前滚翻过去的瞬间，左手有一个向内旋转的动作，左腿与两手配合用力，将乙摔在头前。

技术要领：在乙即将从自己头前滚翻过去的瞬间，甲的左手有一个向内旋转的动作，目的是使乙的右臂向内移动，使乙的右肩向左旋转，并且使乙不能用右手撑垫，以利于乙顺利向前滚翻；甲的右脚要滑着向乙的两脚深处插入，后倒时臀部要贴着自己的右脚跟处，腰部下沉，以利于右腿用力蹬地，左脚快速蹬举；甲双手平拉，而不要向自己怀里拉，否则不易将乙摔过去。

化解与反攻：甲下沉身体蹬乙，乙的身体向左侧横移，并快速降低身体重心，用力回拉右臂，摆脱甲拉蹬。

战术应用：当乙后退又向前顶时：甲乙双方以右实战姿势组合，甲先向前顶推乙然后两手放松，等乙回顶的瞬间，甲顺势平拉，使用巴投动作。

体落

动作过程：甲右架，乙平行站立组合，甲的右手抓乙的左前领，左手抓乙右袖，右脚上步移至乙两脚前，左脚稍跟步，右手上提，左手抬起肘臂向上拉，使乙的身体重心移向右前上方；甲身体左转并降低身体重心，左脚背步落于乙左脚前或乙左脚外侧，右脚迅速移至乙右脚外侧并稍从膝关节处弯屈，两人左脚成交叉；左右手顺势向前下方拉，右腿有一个从弯屈到绷直的过程，全身配合用力，将乙向前转体摔倒。

技术要领：甲两手开始先向上向自己方向拉，然后在转体后配合腿的动作向前向下拉，拉的力量要脆，有抖腕的动作；右脚应水平移至乙的右脚外侧，两脚为同一方向并成交叉；甲在发力摔时，要挺胸而不要弯腰；左脚尽量移至乙的左脚外侧，用来给乙留出前滚转体摔出的空间。

化解与反攻：甲转体时，乙的身体迅速下降，并用力回拉右臂，抗力阻止甲的体落动作。

战术应用：当乙迈出右脚时，甲乙双方以右实战姿势组合，甲向前迈步推顶乙并突然放松，待乙回顶甲时，利用乙向前移动的惯力，用左手抓乙的右袖向右上方拉，迫使乙的右脚向前迈步，此时甲要抓住这一瞬间，使用体落动作。

扫腰

动作过程：甲乙双方以右实战姿势组合，甲的右手抓乙的左前领（或后领）向上提，左手抓乙的右袖向自己方向平拉，同时右脚上步落至乙两脚前，使乙向右前方失去平衡；左脚背步移至乙左脚前，将自己的右后腰与乙的下腹部贴紧，左手用力拉；甲用左腿支撑身体重心，右腿向后撩举乙的右腿，将乙向前摔倒。

技术要领：甲的腰部插入得不要太深，腰的作用是在乙向前失去重心时将乙浮起来，利用右腿撩举乙的右腿，将乙向前摔倒；左手在开始时是平拉，在转体填腰时是向前下方拉，利用拉的力尽量使乙的身体倒在自己的腰上，自己的腰部包括身体右侧应和乙的上体合严；利用扫腰的要领，使乙失去平衡后以大腿为支点将乙摔倒则称为"大车"。

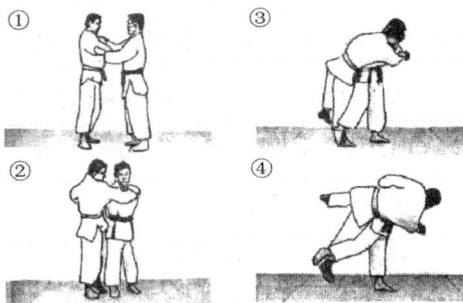

化解与反攻：当甲拉手转腰进攻时，乙用力回拉右臂的同时迅速降低身体重心，可用左腿勾绊甲的左腿，阻止或摔倒甲。

战术应用：

（1）当乙迈出右脚时：甲乙双方以右实战姿势组合，甲向

如同用扫帚般从对方之脚后跟向膝盖往上扫施出技法

扫腰

前迈步推顶乙并突然放松，待乙回顶甲时，利用乙向前移动的惯力，用左手抓乙的右袖向右上方拉，迫使乙的右脚向前迈步，此时甲要抓住这一瞬间，使用扫腰动作。

（2）假动作引导：甲乙双方以右实战姿势组合，甲的左脚先向乙的左脚前迈步，使乙认为甲要左边进攻而向左侧移动，甲趁势以左脚为轴，身体右转，直接将右腿放在乙的右腿前，使用扫腰动作。

出足扫

动作过程：甲乙双方以右实战姿势组合，甲右手抓乙的左前领，左手抓乙的右袖，甲迈出左脚落在乙的右脚前，右脚稍退步并和身体向右转成侧体；甲左手将乙向其脚尖方向向下拉，使乙的右脚向前迈出一步，右手向后方提推对方，将身体重心移至右脚，用左脚掌贴在乙的右脚外踝处并横向扫踢，左手拉，右手配合推拉，将乙摔倒。

技术要领：左脚掌贴在乙的右脚外踝处并横向扫踢，左手和右手要配合拉推；在乙上右步即将落垫的瞬间进行扫踢较为适合，因为当乙将身体重心移至右脚后，再扫踢就错过了最好时机；若扫踢得过早，乙就会利用左腿支撑，抬起右腿躲闪掉。

化解与反攻：当甲左手拉时，乙抗力并避免迈出右脚。

战术应用：当乙迈出右脚时，甲乙双方以右实战姿势组合，甲向前迈步推顶乙并向后退步诱使乙向前迈出右脚，在乙的右脚即将落垫的瞬间，甲使用出足扫动作摔倒乙。

送足扫

动作过程：甲乙双方以右实战姿势组合，甲的右手抓乙的左前领，左手抓乙的右袖，甲先向右侧横移步，促使乙向左侧迈出左脚，自己的右脚向同侧移步；当乙准备把右脚向左侧跟步时，右手上提，左手推提，使乙身体重心升高（浮起），用右脚掌贴在乙右脚踝侧并顺势横向扫踢，左手配合下拉，将乙摔倒。

技术要领：尽量不要与乙正面组合，而要稍错开偏向左侧，当乙向左侧移动时，与乙拉开一定距离，再立即跟上顺势扫踢；扫踢时，腰、腿不要弯曲，要用左脚掌外侧用力，腰要顺势转动以配合用力；左手斜向下（有一定的弧线）把乙的右肘向左前方推送，右手顺势向上提。

化解与反攻：乙在移动时，两脚尽量不要并排，在甲进攻时，快速将重心移至左腿，抬右脚化解掉。

战术应用：当乙转体迈出左脚时：甲乙双方以右实战姿势组合，甲的左脚先向斜前方移动，同时用右手的提拉促使乙的左脚向左前方迈步而使身体右转，右脚向左脚并拢。甲则趁势用左脚扫踢。

肩车

动作过程：甲乙双方以右实战姿势组合，甲的右手抓乙的左前领，左手抓乙的右袖，甲先向前推顶乙，待乙回顶时，甲顺势用左手平拉乙，同时迅速降低身体重心，右脚上步落在乙的右脚前，左脚跟步，右肩插进乙的右腋下，用右手抱住乙的右大腿，身体侧对乙，使乙向前失去平衡；左手继续下拉，蹬腿发力，用后背的中部扛起乙，身体向左侧倾斜的同时，右臂配合上掀乙的右腿，将乙摔倒在左侧。

技术要领：甲下蹲插肩时，要使乙的大腿紧挨着自己的右颈部；左手在开始时是平拉，然后过渡到向前下方拉；尽量利用左手拉的力使乙失去平衡向前倾，身体顺势下降扛起乙，避免去"钻"；两腿下蹲时，要挺胸，不要弯腰，不要蹲"死"；在实战或比赛中，也可将右腿跪垫。

化解与反攻：乙迅速下沉身体，同时右腿用力向后蹬，用身体的重量将甲压趴下。

战术应用：当乙迈出右脚时：甲乙双方以右实战姿势组合，甲向前迈出推顶乙并向后退步诱使乙向

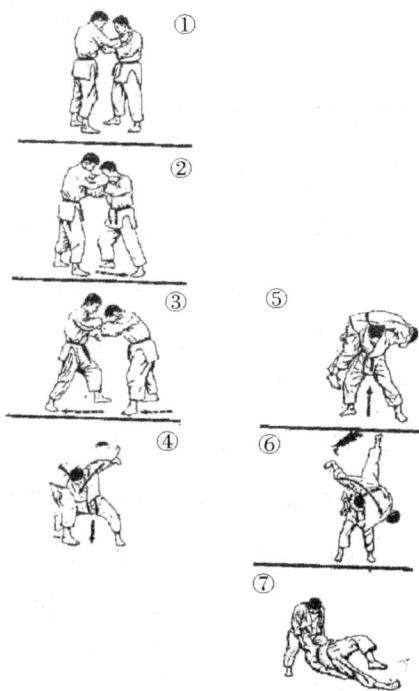

肩车

前迈出右脚，在乙的右脚即将落垫的瞬间，甲使用肩车动作摔倒乙。

钓插腰

动作过程：甲乙双方以右实战姿势组合，甲的右手抓乙的左前领，左手抓乙的右袖，甲先向前推顶乙，待乙回顶时，甲顺势用左手平拉乙，右手向上提拉，使乙向前失去平衡；迅速降低身体重心，右脚上步落在乙的右脚前，左脚背步，右前臂抵住乙的左胸上部，将腰插进，贴紧乙身体；左手继续拉，右手上顶，蹬膝发力，左转腰将乙摔出。

技术要领：和大腰的动作相似，只是右手的方法不同，右手要抓乙的左前领用力向上撑；腰部要放低，左手用力拉，用右后背部和乙的前体正面贴紧。

化解与反攻：乙迅速下沉身体，回拉右臂，阻止甲的进攻。

战术应用：当乙迈出右脚时：甲乙双方以右实战姿势组合，甲向前迈步推顶乙，并向后退步诱使乙向前迈出右脚，在乙的右脚即将落垫的瞬间，甲使用钓插腰动作摔倒乙。

袖钓入腰

动作过程：甲方右架，乙方平行站位组合，甲的右手抓乙的左袖，左手抓乙的右袖，甲先向前推顶乙，待乙回顶时，甲顺势用左手平拉乙，右手向上提拉，使乙向前失去平衡；迅速降低身体重心，右脚上步落在乙的右脚前，左脚背步，右手转向下拉，将腰插进，贴紧乙的身体；左右手继续拉，蹬膝发力，左转腰将乙摔出。

技术要领：和钓插腰的动作相似，只是右手的方法不同，右手要抓乙的左袖用力前拉；腰部要放低，左手用力拉，用右后背部和乙的前体正面贴紧；左手也可抓乙的右前领。

化解与反攻：乙迅速下沉身体，回拉左右臂，阻止甲的进攻。

战术应用：当乙迈出右脚时：甲乙双方以右实战姿势组合，甲向前迈步推顶乙并向后退步诱使乙向前迈出右脚，在乙的右脚即将落垫的瞬间，甲使用袖钓入腰动作摔倒乙。

支勾插足

动作过程：甲乙双方以右实战姿势组合，甲的右手抓乙的左领，左手抓乙的右袖，甲先向前推顶乙，待乙回顶时，甲顺势上右脚落在乙的左脚前，身体左转，用左手拉乙，右手向上提，使乙的身体重心移至右脚尖上；用右脚支撑身体重心，用左脚内侧向乙的右脚腕处用力扫踢，身体继续向左后方拧转，同时两手用力把乙向左后方提拉，将乙摔倒。

技术要领：左脚内侧向乙的右脚腕处用力扫踢时，腰、腿不要弯曲，双手不要直着向下拉，右手要提拉，左手要抬肘，展胸、平拉转动；甲乙双方也可以做左实战姿势组合，用左脚扫踢完成支钓抽足动作，而且从它改变成其他动作或连络技比较容易；在进行扫踢时，身体尽量贴近乙，不要离乙太远，应用右脚上步来调整两人之间的距离，当乙上右步或退右步又向前迈出右脚时是使用支勾插足动作的较好时机。

化解与反攻：乙迅速下沉身体，回拉右臂，同时将身体重心移至左脚，抬起右脚化解掉甲的进攻。

战术应用：当乙迈出右脚时：甲乙双方以右实战姿势组合，甲向前迈步推顶乙并向后退步诱使乙向前迈出右脚，在乙的右脚即将落垫的瞬间，甲使用支钓插足动作摔倒乙。

小外刈

动作过程：甲乙双方以右实战姿势组合，甲的右手抓乙的左领，左手抓乙的右袖，左脚上步落至乙的右脚外侧，右脚向自己的左脚后移动，右手上提，左手下拉，身体随之右转，使乙的身体重心移至右腿上；右脚向左脚跟处稍垫一步，支撑身体重心，左脚脚掌贴在乙的右脚后跟处，用右手紧紧顶住乙，左手继续下拉，左脚向乙的右脚前方拨举，将乙摔倒。

技术要领：在左脚向乙的右脚前方拨举时，要利用两手的提拉动作使乙失去平衡，腰部要挺直，身体尽量贴近乙，右脚不要离乙太远；左脚上步落至乙的右脚外侧时，乙为躲避被摔会向左侧移动身体重心，尽量抬起右腿，此时甲左手猛下拉，右手的拉提应及时配合，左脚随乙的右腿向上抬举，使乙不能摆脱；小外刈和出足扫的区别在于：小外刈是当乙的身体重心移落到脚跟上，向后失去平衡时做拨举；出足扫是当乙的身体重心移到迈出的右脚的一瞬间做扫踢的动作；利用小外刈的要领，勾住乙的脚，用上体的冲力将乙摔倒，则称为"小外挂"。

化解与反攻：乙向左侧移动身体重心，抬起右腿，化解掉甲的进攻。

战术应用：

（1）当乙迈出右脚时：甲乙双方以右实战姿势组合，甲向前迈步推顶乙并向后退步诱使乙向前迈出右脚，在乙的右脚即将落垫的瞬间，甲使用小外刈动作摔倒乙。

（2）当乙后退左脚时：甲乙双方以右实战姿势组合，乙的左脚后退，身体重心还在右腿上时，甲使用小外刈动作摔倒乙。

带躯翻

动作过程：甲乙双方以左实战姿势组合，甲的左手抓乙的右领向左下方拉，右手抓乙的左中袖向左侧推搋，使乙身体右转；用左手从乙的左侧颈部及背部穿过，抓住乙的后腰带，同时右脚插入乙两脚之间，下沉腰臀部；左脚插入乙的两腿间并向上扬起乙的右大腿内侧，身体后倒，左手继续拉，将乙从头上摔过。

技术要领：右手抓乙的左中袖向左侧推搋时，可利用乙手腕回推力，用自己的右臂将其腕部夹住；左手抓住乙的后腰带时，要用左肘部下压乙的背部；为能利用上乙的回顶力，在使用带躯翻前可先向前推顶乙。

化解与反攻：在被甲抓住后带时，乙可快速用右手抱住甲右腿，将甲摔倒。

战术应用：甲先向前推顶乙，待乙回顶时，甲使用带躯翻摔倒乙。

外卷入

动作过程：甲乙双方以右实战姿势组合，甲右手抓乙的左领，左手抓乙的右中袖，甲用力向左侧推搋，待乙回顶时，左手趁势右侧推搋，将右手臂经乙的右肩部伸出，用右侧身体紧挨乙的右侧身体；左手猛向左侧下方拉，并用右腿别住乙的右腿，身体左转，向左后方甩脸，利用身体的卷、拧的力量摔倒乙。

技术要领：用右侧身体紧挨乙的右侧身体，中间尽量不要有空间，否则，很容易被反攻。左手猛向左侧下方拉的同时，可用右腿别住乙的右腿并向后上方撩举。

化解与反攻：乙用力向后挣脱右臂，并用左腿勾绊乙的左腿，向左侧摔倒乙。

战术应用：当乙左脚迈出时：甲乙双方以左实战姿势组合，甲左手抓乙的右领，右手抓乙的左中袖，甲用力向右侧推搡，待乙回顶，左脚迈出时，右手趁势左侧推搡，将左手臂经乙的左肩部伸出，用左侧身体紧挨乙的左侧身体，使用外卷人动作。

裏投

动作过程：甲乙双方以右实战姿势组合，甲的右手抓乙的左领，左手抓乙的右中袖，甲用右手推开乙的左臂，上右脚于乙左脚外侧，左脚跟步，用右臂环抱乙腰。

甲屈膝，迅速降低身体重心并用左手辅助抱乙的腰或抓住乙的右侧带，身体后倒的同时蹬腿发力，身体在即将触垫时右转，将乙摔出。

技术要领：在抱住乙腰时，要降低身体重心，身体与乙身体贴紧；发力蹬腿时，不要让乙用腿勾绊住自己的腿，否则动作容易失败。

化解与反攻：乙迅速降低身体重心，并用右腿从外勾绊住甲的左腿。

战术应用：当乙使用内股或大外刈时，乙右实战姿势抓甲，当乙出右腿使用内股或大外刈时，甲降低身体重心，用力顶住乙的发力，同时身体左转，使用裏投摔倒乙。

谷落

动作过程：甲乙双方以右实战姿势组合，甲的右手抓乙的左领，左手抓乙的右中袖，甲稍右转身体，左手猛拉乙的右袖，同时抬起右腿，使乙误认为甲要使用内股或是大外刈之类的动作，乙则身体迅速向后挣脱；甲乘机将右腿别在乙的左腿后，右手向右下方拉，左手向右上方抬挤，身体向右后方倒，将乙摔倒。

技术要领：用右侧身体紧挨乙的左侧身体，左手一定要向右下方猛拉；谷落的变化：甲用右手抓住乙的右小袖向右侧拉的同时，将左臂从内插进乙右腋下，同时左腿上步落至乙的右腿后，身体争取与乙在一条直线上，身体向左后方倒，将乙摔倒。

化解与反攻：乙迅速抽出左腿，还可以迅速将左腿别在甲的右腿后，用谷落反击甲。

战术应用：

（1）当乙使用内股、扫腰动作时：当乙从左实战姿势开始进攻，使用内股等动作时，甲迅速用右手抱住乙的腰部，下降身体重心，将右腿迈落至乙的右腿外侧，同时身体向右侧方向倒去，将乙摔倒。

（2）当乙迈出右脚时：甲乙双方以左实战姿势组合，甲向前迈步推顶乙并向后退步诱使乙向前迈出右脚，在乙的右脚即将落垫的瞬间，甲使用谷落动作摔倒乙。

直接使用谷落很容易被对方反攻，应结合内股等假动作一起使用。

双手刈

动作过程：甲乙左势站立。甲上左步于乙的两腿之间，右脚跟步，同时两臂分别插向乙的左右大腿外侧，并环抱乙的腿部，同时胸部与乙的腿部贴紧，向前方冲顶，将乙摔倒。

技术要领：甲尽量抱住乙两大腿根处；抱乙双腿时，身体尽量与对方腿部贴紧，否则易被反攻；两手臂环抱对方双腿，用肩部向前冲顶。

化解与反攻：当甲抱双腿时，乙向后蹬双腿，同时身体向下压甲，迫使甲放弃。

战术应用：在双方还没有互相抓握时，甲迅速降低身体重心，用双手刈摔倒乙。

双手紧握对方双膝

肩部紧贴对方腹部

重心降低

双膝弯曲

寝技

袈裟固

动作过程：使乙成仰卧姿势，从其右侧开始进攻。用左臂抱住乙的右臂夹在左腋下，用右臂从乙的左肩上插进抱住乙的颈部，右手抓其后领（崩袈裟固时是右手在乙的左腋下撑地或是抓住后衣领）；双膝稍弯曲，右脚

双手刈

前贴在乙的右肩下部，左脚后撤并用脚掌内侧着垫，抱紧双臂，身体重心移到乙的右腰处，挺胸，用自己的右腋下部压住乙的右侧胸部。

袈裟固

技术要领：搂紧乙的右臂，不让其挣脱掉，可用左腋夹住其右手腕；右手可将乙的头部向自己的方向扳离垫子，不让乙用头撑垫而借力反攻；臀部要着垫，身体重心不能过多地压在乙的身上；枕袈裟固：右手从乙的左颈下插入，抓住乙的右后领，左侧肋部压紧乙的左肩和颈部，把左手插进乙的右腋下，抓住自己左膝附近的裤子或左手按垫，把乙的头部放在自己的左大腿上，像枕头似的放好压住；后袈裟固：把乙的右臂夹住，把左侧腰部贴压住乙的右肩部，两腿撇开，臀部着垫，左手插入乙的左

腋下，肘着垫，抓住其左横带，将乙压在垫上。

上四方固

动作过程：乙仰卧，甲跪在乙的头部上方，两手分别从乙的两腋下

插入，抓住乙的腰带，用两膝夹固住乙的头部，上体趴在乙的上体上；两手用力下拉，两肘夹紧，头偏向一侧，用胸和头压住乙。

技术要领：为了使身体重心降低，可把两脚尖竖起，尽量用腹部压住乙的脸部；胸部紧贴乙的胸部，两臂收紧，要始终保持自己身体和乙的身体在一条直线上；在实

上四方固

战或比赛中，两腿可分大趴在乙的上体上，用胸或腹部压住乙；崩上四方固：和上四方固的姿势大致相同，只是右手从乙的腋下插入，四指朝里抓住乙的后领，抱紧其右臂。左手从乙的左肩下插入，从背后抓住其左横带。

横四方固

动作过程：乙仰卧，甲在其左体侧伏倒，甲把左手插入乙的两腿之间，拇指朝内抓住乙的右横腰带，右手由乙的左肩上插入其颈下，拇指朝上抓住其右横领；双膝弯曲，右膝顶住其左腋下，左膝顶住乙的左腰部，下沉腰部，两脚尖放平，双臂收紧，用胸腹部压住乙。

横四方固

技术要领：两臂要拉紧，两膝弯曲在乙的左体侧贴紧，右腿也可伸

直；上体不能过分地压在乙身上，否则容易被反攻。

肩固

动作过程：乙仰卧，甲在其右体侧，上体俯卧，用右臂从乙的左肩上经颈下抱住乙的右肩和颈部，左手和右手合抱在一起；右腿弯曲，用右膝向乙的右下腹部顶住，左腿向侧面伸直，固紧乙。

技术要领：抱紧乙的右肩和颈部，不能使其右臂抽出；右腿尽量不要伸直，以免被乙勾住腿；也可右腿在前，左脚在后，两腿大幅度撇开。

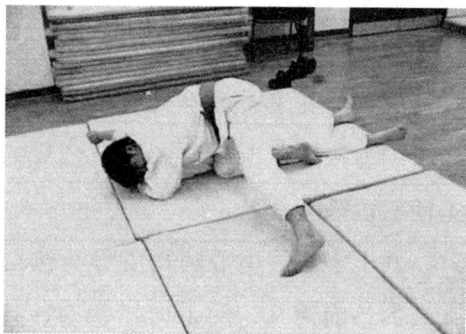

肩锁固

纵四方固

动作过程：乙仰卧，甲成骑马姿势俯卧在乙身上；用右臂从乙的左肩上经颈下抱住乙的右肩和颈部，左手和右手合抱在一起，固住乙的上体；用两腿夹住乙的身体，在乙的臀下部把两脚脚尖扣起来，展开两膝，固定住乙的两腿。

技术要领：上体俯下，让其摆脱控制。右肩向上顶，一定要固住乙的肩部和颈部，不能让其摆脱控制；用自己的两腿从下向两侧撑开乙的两腿，限制住乙腿上的动作；可用右臂从乙的右肩上插到其背部，用拇指朝内抓住其后腰带，迫使乙的右臂向上伸直；可用左手抓住自己的右衣领辅助固定；也可用

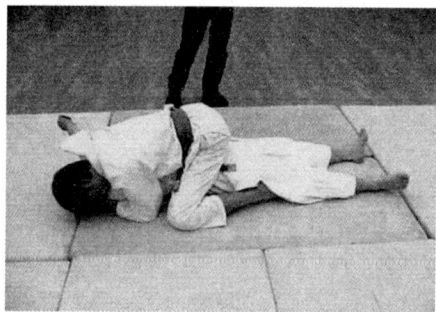

纵四方固

右臂经乙的右肩抱住乙的颈部，并抓住自己的左横带。

十字绞

1. 骑在乙的身上

片十字绞：甲成骑马姿势骑在乙的腰上，两腿夹紧乙的躯干，两手在乙的颈前交叉，一手拇指朝内，另一手拇指朝外，握乙两侧衣领深处，两手用力拉紧，上体前倾，用全身的重量压住乙的颈部两侧进行绞技，迫使乙认输。

逆十字绞：甲成骑马姿势骑在乙的腰上，两腿夹紧乙的躯干，两手在乙的颈前交叉，两手拇指朝外，其余四指朝内，握乙两侧衣领深处，两手用力拉紧，上体前倾，用全身的重量压住乙的颈部两侧进行绞技，迫使乙认输。

并十字绞：甲成骑马姿势骑在乙的腰上，两腿夹紧乙的躯干，两手在乙的颈前交叉，两手拇指朝内，其余四指朝外，握乙两侧衣领深处，两手用力拉紧，上体前倾，用全身的重量压住乙的颈部两侧进行绞技，迫使乙认输。

2. 在乙的侧面时

当乙采取左侧卧位（左肩在下）时，甲用胸部压住乙的右肩，左手从乙的右腋下插入，四指朝内，握住乙的左衣领深处，左膝在其左侧撑地，右脚立起。右手拇指朝内，握住其右衣领深处，从侧面用上体压住乙，同时两手用力进行并十字绞。

3. 在乙的下面时

甲在乙的下面，用左手从乙的右腋下插入，抱住乙的右臂，四指朝内，握住乙的左衣领深处，同时用右手拇指朝内，握住乙的右衣领，用两脚蹬住乙的两腿，两臂用力拉，使上体和乙的身体贴紧，进行并十字绞。

裸绞

动作过程：乙盘腿坐或采取伸腿坐立姿势，甲的右膝跪立在乙的背后，用左手从乙的左肩上伸出，向前面的颈部插入，用内侧腕部贴紧其喉部，右手手背朝上从乙的右肩上伸出和左手扣紧；把左脸部贴在乙的右脸上，身体重心下沉，上体向乙头的后部用力压，迫使乙的头前屈，两手用力向后拉进行裸绞。

技术要领：两臂用力拉紧，让乙向后失去平衡，使乙成不稳定姿势，用左肩压其头后部向前屈。

战术应用：

（1）趴在乙的背上时：乙俯卧，甲从后面用两手从乙的两侧腋下抓住衣领，用两腿夹住乙的两大腿，下沉腹部，两腿向上勾起，使乙的背部被挤压并感到难受，两手向乙的两侧颈部插入，把左前腕部贴在乙的喉部，与右手扣住。挺胸仰上体，拉紧双手进行裸绞。

（2）在乙的身上时：乙仰卧，甲趴在乙的身上，当右腿被乙夹住时，用左手从乙的颈后部向深处插进，抓住乙的右横领，使其上体的摆动不能自如，自己上体向上抬，把右臂插进乙的左肩上，用左手抓住自己的右袖口。把乙的左臂和右膝固定住，用右前腕的手指尖向乙的喉部前插入，拉紧双手进行裸绞。

送襟绞

动作过程：乙伸腿坐立，甲在其背后，从右腋下插入，抓住右前领拉紧，左膝跪垫，右膝屈立，右手从乙左肩上伸到颈部，前面拇指朝里抓住其右衣领深处，右手换抓乙的左前领；甲把左脸贴在乙的右脸部，把上体贴紧乙背部，左手拉，右手向下拉做送襟绞。

技术要领：左臂的肘尽量不要离开乙的左肩，否则很容易被乙用左手推开并逃脱；左手拉的方向是向左，并用内侧腕部挤压乙的喉部，而右手拉的方向不能向右，而是向下。

战术应用：

（1）在乙的背后时：被乙压成背部着垫时，用两手从乙两腋下抓其两前领，并从背后用两腿夹住乙的两大腿的上部，右手从乙的右肩上抓住其左前领，左手抓住其右前领，身体向后仰，两手拉紧绞住乙。当乙两手紧护住两前领时，可先用左手拉开乙的左手，将右手插进去，再进行送襟绞。

（2）当乙俯撑，甲在其身后时：甲用身体压住乙，移至其左侧，用右手插入其右腋下，抓住其左前领，用左手从乙的左侧颈部插入抓住其右前领，身体向前移动，同时向前迈出右脚，左脚后拉，上体前倾，身体重心前压并向右稍转动，不让乙起来，用右侧腰部贴压住乙的左侧颈部，两手拉紧使用送襟绞。

片羽绞

动作过程：乙伸腿坐立，甲在其背后，左膝跪垫，右膝屈立，用左手把乙的左臂抬起并控制在自己的胸前，右手从乙的右肩上伸到颈部前面，拇指朝里抓住其左衣领深处。

左手腕和手指伸直，手背朝外推着乙头后部，右腿随着身体左转，在乙的身体后面扭转着拉，进行片羽绞。

技术要领：上体要和乙的头部贴紧，将乙的左臂向上抬并与自己的胸部贴紧。

战术应用：

（1）在乙的背后时：被乙压成背部着垫时，用左手把乙的左臂抬起并控制在自己的胸前，使用片羽绞动作。

（2）在乙的身下时：右手四指朝里抓住乙的右前领，右手腕贴在乙的喉部，用肘顶着乙颈部，左手在乙的颈部、手背朝上用力将乙向自己的右臂方向拽，同时右臂用力拉进行片羽绞。

腕绞

动作过程：乙仰卧，甲在乙的身体右侧，甲用左手拇指朝下抓住乙的左手腕，将自己的身体趴在乙身上，迫使乙的左臂屈并压住左肩外侧；用右手从乙的左肘下插入，用自己的手从上面抓住自己的手腕，左手向自己身体方向用力拉，在右手压的同时，把乙的肘关节反别住，为反关节技。

技术要领：要用上体将乙的上体用力压住，而且要把乙的左肩固定住，这样才能反别住其肘关节；甲可与乙的身体搭成十字形。双手反别乙时，两手可边拉边拧。

战术应用：

乙仰卧，甲在其左体侧，用左手拇指朝下抓住乙的右手腕，将身体俯压在乙的身体上并将右臂朝内侧压弯曲，右手从乙的右肩下插入，从上面抓住自己的左手腕，把乙的右肘边压边拧，尽量将乙的小臂和大臂别成90度，成反关节技。

腕挫十字固

动作过程：乙仰卧，甲在乙的身体左侧，甲用两手抓住乙的左手腕，向上拉提，用左脚尖蹬在乙的腋下，右膝弯曲，臀部接近脚后跟成蹲的姿势，同时右腿压住乙的颈部和面部并向乙的右肩上伸直贴紧；用双膝夹住乙的左臂，挺起下腹部，身体向后仰，用双手拉紧乙的手臂固定住成腕挫十字固。

技术要领：在后仰时，臀部尽量靠近乙的左肩，用两膝夹紧乙的左臂，挺腹向上，使乙的肘关节被反别；若乙用左手抓住他自己的衣领，再用右手抓住左手腕，甲可用右手把乙的左臂挎起，抓住自己的衣领，身体向后倒，将乙的左臂拉直。

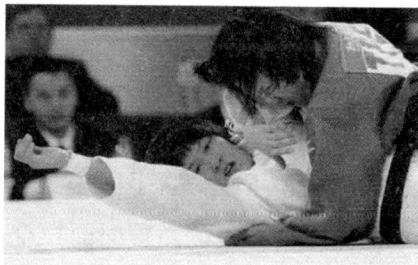

寝技

战术应用：

（1）当乙俯撑，甲在其身后时：甲用身体压住乙，两脚从乙两体侧插在乙的腹下，右手从内插进乙的右臂内并向上拉起，同时左腿从乙的头前迈过，落在乙的右肩前，此时有两种方法，一种是身体后倒，将乙拉翻成仰卧；使用腕挫十字固控制住乙；另一种是身体向左侧前方滚翻过去，用左腿将乙挑翻成仰卧，使用腕挫十字固控制住乙。

（2）在乙的身下时：甲成仰卧姿势，乙在上面进攻甲，乙用右手从甲两腿间插入，抓住甲的衣领，此时甲用两手抓住乙右臂，将左腿迈向右侧，左小腿放在乙的脸上，同时身体右转成俯卧，两手将乙的右臂拉直，使用腕挫十字固控制住乙。

腕挫腕固

动作过程：乙成仰卧，甲在乙的身体右侧，乙用左手抓甲的右衣领，甲将乙的左手腕固定在右肩上并用右颈部夹紧固住。用右手掌压在乙的左肘上；甲用双手抱住乙的左臂肘关节处向左侧绕圆形往自己身体方向拉，身体稍左转，用右腿压在乙的腹部，用腕挫腕固控制住乙。

技术要领：当乙伸左臂欲抓自己衣领时，要主动把自己的上体下沉，用颈部把乙的右手夹住，用右手控制住乙的左臂后，身体再抬起，把乙的右臂拉直；要用右腿压在乙的腹部，以防乙抬起身体而逃脱。

战术应用：当乙成仰卧，甲在乙身体右侧时，按动作过程进行实际应用。

腕挫腋固

动作过程：甲乙双方以右实战姿势组合，甲用左手（拇指朝下）抓住乙的左手腕，右手（拇指向下）也抓住乙的左手腕；甲在两脚后退的同时，把乙的左臂向前拉直，同时身体左转，用右腋部夹住乙的左臂；降低身体重心，屈膝，用反关节的方法固住乙左臂。

技术要领：甲夹住乙左臂时，使其手腕的方向是小指朝上，这样才能别住乙的肘关节；甲不要将乙的左臂过分向深处夹，应用右肘正压在乙的左肘上；甲在使用此技术时，不要离乙太近，将乙的左臂拉直后，要主动后退一两步，使乙的身体向前失去平衡，这样就容易固住乙；乙身体下沉，右手撑地时，甲要随着降低身体重心，可单膝跪地，将乙的左手腕向上抬。

战术应用：在站立摔时按照动作过程使用腕挫腋固。

连络技

在现代柔道比赛中，由于双方运动员技术水平的不断提高，直接使用一种技术很难将对手摔倒，连络技则是将两种或两种以上的技术组合在一起，以使对手顾此失彼，防不胜防。

连续使用进攻技术常用在投技与投技的组合中，使用者先使用第一种技术，对方一般会向反方向抵抗防守，进攻者则立即使用第二个或第三个动作。

连络技均是以右侧方向的进攻技术为例，即以右实战姿势开始。如：小内刈＋双手背负投，进攻者以右实战姿势开始，右手抓对方左领，左手抓其右袖，先使用小内刈进攻对方，对方防守向反方向（前方）用力抵抗，进攻者则使用双手背负投。以下所有连络技均是进攻者使用第一个动作，防守者则向进攻者进攻方向的反方向用力抵抗，进攻者则使用第二个动作摔倒对方。

连络技的组合方法一般有：投技与投技组合；投技与寝技组合；前后技术组合；上下技术组合；左右技术组合。

自己连续进攻的连络技

单手背负投＋小内刈要领：做小内刈时，可用插入对方腋下的手臂按压住要勾绊的腿，使其不能逃脱。

小内刈＋双手背负投要领：做小内刈时可向前推挤对方，使对方反推时用双手背负投。

大内刈＋双手背负投要领：做大内刈时，可等对方抽腿时使用双手背负投。

大内刈＋小内刈要领：小内刈要向横的方向扫，身体向前扑倒。

大内刈＋体落要领：做体落时要迅速降低身体重心。

大内刈＋大外刈要领：做大外刈时要拉动对方，使其身体与自己身体合严。

大内刈＋内股要领：在做内股时，抓对方小袖的手一定要拉紧。

大内刈＋扫腰要领：做扫腰时要拉动对方，使其身体要与自己身体合严。

体落＋体落要领：属同一方向的进攻，在两个体落之间可使用大内刈过度。

单手背负投＋单手背负投要领：在对方上体后仰，腰部下沉时，第二个背负投可以单膝跪地，如果在做第一个背负投时，对方向一侧躲闪，则不应再用第二个背负投，可以变换为大外刈。

内股＋小内刈要领：内股接小内刈时要注意手上推挤动作的配合。

膝车＋扫腰要领：膝车时可与对方身体故意贴紧一些，以适于使用扫腰。

钓扫腰＋大内刈要领：用向前提拉的两手换方向向后推成大内刈。

内股＋体落要领：两个动作连接时身体重心要快速下降。

大内刈＋肩车要领：做肩车时要快速降低身体重心，抓袖的手要猛回拉。

大外刈＋肩车要领：做大外刈接肩车时，抓袖的手要猛回拉。

大内刈＋单手背负投要领：做大内刈时，上手可不抓领。

大外刈＋单手背负投要领：做大外刈时，上手可不抓领。

大内刈＋巴投要领：大内刈可以反着做。

大外刈＋小内刈要领：抓领的上手要配合小内刈的推挤动作。

大内刈＋带躯翻要领：抓领的上手在做大内刈时要抓紧猛向下拉，以利于使用带躯翻。

大外刈＋外卷入要领：做大外刈时，上手可不抓领。

内股＋双手背负投要领：做内股时身体不要贴对方太紧，以利于使用双手背负投。

内股＋谷落要领：谷落要利用对方后撤的力量。

扫腰＋谷落要领：谷落时后移的速度要快。

大腰＋谷落要领：放在对方身后的手要迅速协助使用谷落向后拽拉。

大内刈＋膝车要领：抓袖的手要猛向自己右侧方向拉。

单手背负投＋外卷入要领：两个动作连接一定要快。

单手背负投＋双手刈要领：做单手背负投时身体不要全部填进。

双手背负投＋大外刈要领：做双手背负投时身体不要全部填进，重心不要降得太低。

内股＋膝车要领：抓袖的右手要一直向自己右侧拉。

小内刈＋巴投要领：小内刈可以从右实战姿势开始。

大外刈＋大腰要领：抓袖的右手要一直向自己右侧拉。

大外刈＋双手背负投要领：做双手背负投时要快速降低身体重心，右手要配合猛下拉。

利用对手投技进攻转为自己反击的连络技

腰技移腰：对手右实战姿势开始，使用腰技（大腰或扫腰）进攻自己，自己迅速降低身体重心，顶住对手的同时挺腹将对方抱起，利用其反作用力将对手腰部向左侧移动，自己使用移腰技术摔倒对手。

大外刈—裹投：对手右实战姿势开始，使用大外刈进攻，自己闪开右腿，降低重心，将其抱起，使用裹投摔出对手。

大内刈—小外刈：对手使用右侧大内刈进攻，自己左腿用力顶住对手腿的勾绊，向左后方拧身，同时左腿向右侧横扫，使用小外刈摔倒对手。

内股—掬技：对手使用右侧内股进攻，自己用右手将对手的身体撑住，身体重心迅速下降，左手伸到对手两腿之间，同时挺腹向上方抱起对手身体，右脚向前挪动半步，上抬的左手将对手拽至自己的右腰部，使用掬投技术摔倒对手。

内股—体落：对手使用右侧内股进攻，自己左手撑住对手的右胸部，迅速降低身体重心，撤出左腿的同时将左腿快速移至对手左脚前，使用体落摔倒对手。

大外刈—双手背负投：对手使用左侧大外刈进攻，自己迅速抽出左腿，同时身体右转，降低重心，使用双手背负投摔倒对手。

小内刈—大外刈：对手使用左侧小内刈进攻，自己迅速抽出左腿，向前反别住对手左腿，左手拉、右手推，使用大外刈摔倒对手。

内股—谷落：对手使用右侧内股进攻，自己挺腹顶住，并迅速向左侧移动身体重心，左腿移至其左腿外，使用谷落摔倒对手。

背负投—送襟绞：对手使用右侧单手背负投进攻，自己迅速降低重心，右手猛拉，左手抱住对手的腰部，将对手压趴下时，右手拉紧对手左领，左脚向前横迈出，使用送襟绞控制住对手。

内股—谷落+横四方固：对手使用右侧内股进攻，自己迅速降低身体重心，使用谷落摔倒对手后，立即用横四方固控制住对方。

自己主动进攻的投技接寝技的连络技

一本（双手）背负投—横四方固：使用一本（双手）背负投摔倒对手后立即跪下，右手拉紧，使用横四方固固定住对方。

大内刈—袈裟固：使用大内刈摔倒对手后，身体移至对手的左侧，使用袈裟固控制住对手。

体落—腕挫十字固：使用体落摔倒对手后，右手拉紧，同时将左腿横放在对手的胸上，使用腕挫十字固控制住对方。

内股—袈裟固：使用内股摔倒对手后，立即使用袈裟固控制住对手。

扫腰—腕挫十字固：使用扫腰摔倒对手后，右手拉紧，立即使用腕挫十字固控制住对手。

肩车—上四方固：使用肩车摔倒对手后，立即转身使用上四方固控制住对方。

大腰—腕挫十字固：使用扫腰摔倒对手后，右手拉紧，立即使用腕挫十字固控制住对方。

大外刈—袈裟固：使用大外刈摔倒对手后，立即使用袈裟固控制住对方。

谷落—右侧袈裟固：使用谷落摔倒对手后，立即使用右侧袈裟固控制住对方。

双手背负投—腕挫十字固：使用双手背负投摔倒对手后，拉紧右手，立即使用腕挫十字固控制住对方。

送足扫—腕挫十字固：使用送足扫摔倒对手时，立即使用腕挫十字固控制住对方。

自己主动从一种寝技转到另一种寝技

袈裟固—肩固：用左侧袈裟固固住对手，对手身体全力转向右侧，左肩向右转，尽力抽出右手，此时自己用右腋快速夹住对手左肩，用左手上抬其左臂，使用肩固控制住对手。

袈裟固—横四方固：用左侧袈裟固固住对手，对手身体全力转向右侧，左肩向右转自己一边用力顶住对手，一边身体成俯卧姿势，右手抓紧对手的后领，用横四方固控制住对手。

袈裟固—送襟绞：用左侧袈裟固固住对手，对手向右侧翻去成俯卧姿势，自己从对方左腋下插入，用左手抓住其右手，左手抓住其左领，用身体压住对手的同时使用送襟绞控制住对手。

袈裟固—腕挫十字固：用左侧袈裟固固住对手左臂，对手向右侧翻去，自己用右手圈住对方，身体压住对手，身体右转，用右腿放在对手脸上部，身体后倒，使用腕挫十字固控制住对手。

袈裟固—肩固：用左侧袈裟固固住对手，对手用力挣脱开右臂，自己则右手继续抱紧对手颈部，用左手向前下方压住对手右臂，同时起身把对方的右肩用自己的颈部压住，使用肩固控制住对手。

寝技训练

1. 处于上方时的基本姿势

对方仰卧，我在上方，两膝弯曲，成半蹲姿势，抬起上体，用左手抓住对方的右膝附近，不要让对方在下边拽住。此时自己尽量不要向前下方伸直手臂。

2. 处于下方时的基本姿势

自己仰卧，抬上体、用右手抓住对方的右领内侧深处，用左手抓住对方的右袖中外部。用两脚脚心贴在对方的前腰部，使对方下半身浮起，重心不稳，从而防备对方的进攻。

3. 仰卧姿势的训练方法

从仰卧姿势做前进、后退、旋转：

（1）低头收下颚，两臂夹紧，背成圆形，用脚和肩前进、后退。

（2）用同样的姿势，以肩部为中心向左右旋转。

屈臂固技：

从俯卧姿势伸出两臂，屈臂，用两臂的力量把上体向前拉、挺胸。此时要求不能用两脚尖或抬两腿，以此强化上四方固的要领。

仰卧旋腿和伸腿：

（1）仰卧，低头收下颚，抬起两腿，把腿交叉内旋、外旋。

（2）用同样姿势两腿交替用脚跟用力蹬出去。当对方进攻时，两腿的交替动作用来防守。

桥：

仰卧，把两臂抱在胸前，用两脚和头支撑身体，挺腰起桥，向前后左右移动身体重心，用以加强颈部的力量。

虾形：

（1）从仰卧姿势开始，把双臂向头上举起。

（2）曲两腿，用双脚和肩支撑身体，挺腹、曲背。

（3）侧身像虾似的弯曲翻转，再恢复原来的姿势，向相反方位交替练习。

柔道战术

柔道战术训练

柔道战术理论

柔道战术是根据比赛双方的情况，正确地分配体力，充分发挥己方特长，限制对方特长，为战胜对手而采取的合理有效的计谋与行动。技术、身体素质、心理素质、智能、思想作风等都是柔道战术的基础。运动员掌握的技术越全面、熟练、准确，心理素质越稳定，思想作风越过硬，战术的实现也就越有保证。

当前随着运动员竞技能力的日趋接近，心理战术也显得越来越重要。柔道比赛中的心理战术是指通过一些特定的方式和措施，造成对对手心理上的影响，而争取比赛胜利的战术行动。在比赛前和比赛中，运动员都会利用各种机会影响和扰乱对手预先或临时制订的战术，破坏对手正常的技术发挥。如在赛前试垫训练时故意炫耀自己的实力：一般在比赛前一两天，主办单位都会安排各队试垫训练，以适应场地；几个队在一起训练时，可将自己的良好竞技状态表现出来，故意显示出跃跃欲试，技术全面，以给对手造成心理压力。

现阶段，运动员主要是根据对对手了解程度的多少来制订战术。

（1）熟悉对手：由于每年比赛均是打同一个级别，对对手的长处和缺点都比较了解，所以在比赛前就制订好了比赛的战术，如知道对手耐力比自己差，则一上场就连续进攻，迫使对手疲于招架，体力消耗很大，这样自己就占据了主动。

（2）不熟悉对手：对手今年刚参加这一级别的比赛，或是从低一级升上来，或是从高一级降到这一级别的，由于对对手的情况不太了解，只能在比赛上场之前的准备活动中和即将上场比赛时观察对手。由于柔道比赛是两个人的直接对抗接触，一般在比赛开始后的 30 秒左右就能大概了解对手的基本情况。如对手是技术型而力量不大，或是力量型等，此时则依据"发挥自己的特长，限制对手特长"的原则来制订战术。战术的实质就在于使运动员能在柔道比赛中依据各种可能发生的情况，运用自己平时训练中所练就的各项技能，最有效地发挥自己的优势去战胜对手。

就一场柔道比赛来说，一般所实施的战术应结合以下两个方面进行：

（1）结合身体素质优势采取的战术：如果自己在力量、速度、耐力等身体素质方面占有优势，则可制订和实施能够发挥自身优势的战术。

（2）结合技术优势采取的战术：充分发挥自己技术好的优势，善于捕捉和创造战机。

柔道战术训练的目的是培养运动员的战术意识，促进其专项智能的发展，使运动员能够在比赛中熟练运用所掌握的各种柔道技术。

柔道战术训练的方法

（1）根据自己的特点，围绕自己的绝招设计战术，确立自己的战术指导思想。

（2）在同伴降低抵抗程度的条件下进行战术训练。

（3）与轻于自己体重的小级别配对实战。

（4）与重于自己体重的大级别配对实战。

（5）限制自己或限制同伴的条件实战。如规定自己在一局实战中，只能使用一种战术；或是同伴在这一局实战中只防守不进攻。

（6）模拟比赛进行的针对性训练。如假设还有 30 秒钟就要结束比赛，自己还输给敌手一分，要求在这 30 秒钟内实施能够战胜对手的战术。

（7）进行教学比赛。按战术的攻防性质可以把战术分为进攻战术和防守战术。

进攻战术

压迫型进攻战术

压迫型进攻也称猛攻，即在比赛开始后就猛烈进攻，连续使用技术，使对手忙于防守，疲于招架，消耗对手大量体力，这样在短时间内取得绝对胜利或是掌握全场主动权。

压迫型进攻是一种先发制人的进攻方式，是有计划有准备的战术行动。使用这种战术者一般要体力充沛、耐力素质好。比赛开始时就抢先使用技术，乘对手还未注意而出其不意、攻其不备。如上场就先用推、拉、扭、按等引诱动作，破坏对手重心，在对手手忙脚乱时再使用技术，一个技术没有成功，紧接着用第二个、第三个……当然每个技术都应是有计划的，而不是盲目的乱动。

这种战术的优点是直接掌握主动权，迫使对方只能招架，没有反攻的机会，处于被动地位，精神紧张，容易疲劳。一般使用此种战术是了解对手或比赛刚开始接触时就大致判断对手技术、体力、经验等方面都不占优势，自己有获胜的把握，于是立即采取压迫式的猛攻，以在短时间内取得绝对胜利；若对手技能战术都好，而体力差，开始就猛攻，不让他有休息及缓和的机会，而使他一直处于被动状态；若对手经验不足，压迫式的进攻就会使他得不到镇静和思考的时间，会处处被动。使用这种战术的缺点是使自己的体力也消耗得较快，容易露出破绽，给对手以可乘之机，若对手经验比较丰富则自己容易被对手反攻，或是对手用以逸待劳的战术克制自己。

引诱型进攻战术

这是柔道比赛中最常用的基本战术之一，也是充分发挥假动作与真动作联合的较好手段。柔道比赛时往往直接用技法来摔倒对手是比较困难的。经验较丰富的选手常常采用声东击西，指上打下的战术，即在做真动作之前先用假动作，或是真假虚实并用，真里有假，假里有真，真假莫测，造成对手的错觉。如要使用夹颈背动作先用抱腰折的假动作，对手弓身防守时，再用夹颈背。在柔道训练和比赛中，一般采用的引诱式进攻是上下动作结合、左右动作结合、前后动作结合。

为了引诱对手上当，可以有意露出破绽，给对方以进攻的机会，待他失去平衡时再进攻。

一般来说，对手体力好，但技术不太全面，方法变化少，战术不灵活，则可以针对其使用引诱型进攻战术。在使用引诱进攻时，自己的动作要快，快在对手前面，否则不易成功。如对手善于用单臂背负投，自己则给出一臂，诱使对手使用单臂背负投，然后借机使用裹投动作反攻。

实力型进攻战术

实力型进攻就是充分发挥自己的技术特长，以确有把握的绝招作为最后进攻得胜的方法。使用绝招进攻主要采用主动创造使用特长的条件，得到机会就用绝招；或是处于被动地位，暂时退却、防守，创造条件，等待时机，一旦机会来临，再用绝招。

这种战术要求使用者技术上的特长确有独到之处，真正成为了绝招。绝招的作用大致有两点：一是直接使用，即抓住或制造机会，直接用绝招摔倒对手；二是起到威慑作用，如果对手（尤其是对自己的技术比较了解的老对手）知道自己有某一绝招，他就时刻提防着自己的绝招，恐怕露出破绽，结果陷于紧张被动，不敢进攻，而且往往忽视了对自己其他动作的防范。此时突然使用其他动作，能达到出其不意而制胜的效果。

这种战术要求使用者除了绝招的成功率要十拿九稳以外，还要有办法应付对手的防守和反攻。在使用诱导动作（推、拉、扭、按、提等）、假动作及捕捉进攻的时机、速度等方面要进一步强化每一个环节，在对手的不同防守与反攻方向上都能随机应变、因势利导，即在绝招使用的前后形成一整套方法来对付对手的防守与反攻，使对手防不胜防。

稳重型进攻战术

对付实力强、技术好的对手，要用智谋和勇敢精神取胜。稳重型进攻要求进攻者在进攻之前先站好基本姿势，严阵以待，先试探观察，找出对手弱点，逐步造成进攻机会，再发动进攻。

稳重型进攻要求进攻者不轻易与对手搂抱在一起，更不让对手抓握到有利部位，或突然抓握，或格挡后抓握，也不能牢靠，避其锋芒，挫其锐气，使对手无可奈何，努力造成以下局面：

（1）性格急躁者一般会猛烈进攻，甚至会使用盲目冒进的动作，这样体力消耗较大，动作容易失准。在此情况下要抓住时机，即刻进攻；对手越失利，头脑越昏，越猛攻对其越不利。

（2）意志不顽强者，进攻几次不成功往往失去进攻信心，使用技术时犹豫不决，造成两人的相持。这时要抓住时机，有把握地突然袭击。

（3）主动性不强者，随着自己的动作转移，我抢手他也抢手，我进攻他防守后也进攻，这样自己就掌握了主动权，尽可能地虚张声势，采用幅度小、不易被反攻、消耗体力少的动作，引诱对手东扑西逮，前后奔忙，消耗体力攻势。我以逸待劳，待他气喘力竭时，我再展开攻势。

采用稳重型进攻的战术要求运动员要有稳重的心理素质和不服输的精神，并能够很好地掌握比赛时间，不失时机。

散手型进攻战术

使用散手型进攻战术是不抓握住对手进行的进攻，散手使用动作，这种战术多用于自由式柔道。散手战术的基本原则必须是进攻的，它和抓握住后再使用技法比较起来其进攻性更大些，而且这种进攻一般都是奇袭。

散手战术的灵活性大，活动范围广，看到情况合适即刻进攻，若不合适就不失时机地迅速移动，充分合理地使用场地。

对手主动抓握或进攻时容易使自己陷入被动，但此时也是最好的进攻机会。如对手伸臂抓握自己时，可立即使用进攻动作，如大外刈或背负投等动作；若不具备利用这种条件，对手抓握时，仅是躲闪，就不只会陷于被动，而且还会受到消极警告处分。

顺势型进攻战术

借助对手的动作手法、方法来进攻。就是"敌进我退，敌退我追"，对手拉我就进，对手推我就退，以柔克刚，顺手牵羊，直来斜取。如对手拉，我随之而进，进的方向稍偏于他拉的方向，造成对手不能利用我的反应，并且使对手的重心移出支撑面，失去平衡，我方正好顺势使用摔倒对手的方法。如对手先拉我，我就顺势使用大外刈动作进攻。

这种战术要求运动员胆量大，技术全面而熟练，故不易掌握，若能掌握则对对手的威胁很大。

边线型进攻战术

依据柔道竞赛规则，自己背对中心圈（在内线）使对手背对消极区，这样容易掌握主动权，进可以攻，退可以守，进退都有余地；缺点是防守时由于后面的余地大，对自己不利。若自己背对消极区（在外线），则采取外线作战的方法，把对手圈在里面，自己靠近边线，虽相对地处于被动地位，但对手进攻时，如果自己能够反攻则往里摔，否则就防守，若有危险可以退出界外。在内线或是外线都是相对的，在进攻或防守时都要考虑摔的方向。经验丰富的运动员可以充分利用场地来控制比赛节奏，知道用什么技术方法，向哪个方向摔对自己最有利。

看体型进攻战术

现代柔道比赛是按体重分级，同一级别的选手身高也有差别，身材高则身体瘦长，重心高，下肢力量较小，稳定性相对较差，由于腿和臂长，适用于作远距离的进攻和防守，喜欢用踢、别、挑、缠。身材短小则相对身体粗壮，重心低，下肢力量一般较大，稳定性相对较好，而腿和臂短，抓握对手相对不便，适用搂抱在一起的动作。运动员要根据双方体型特点安排自己的战术。

防守战术

柔道比赛主要是由进攻和防守组成的，但是也有相持阶段，而这个时间正是处于守势，相继而来的又是进攻。防守是对手实力强或掌握了主动权，自己处于劣势的被动地位，不能迅速地反攻对手的进攻，为了保持自己的平衡，不致失分，等待时机再进攻或反攻而采取的一个有计划的战术步骤。

防守是要消耗对手体力，使其疲劳，丧失信心，精神沮丧，暴露弱点，自己做的主要是：首先能够养精蓄锐，以逸待劳；其次是造成消极的防守，只是假防和发现对手的过失。而防守应该是积极的防守，消极的防守只是假防守。防守时一定要重视再坚持一下，要有决不服输的精神和坚持到最后一秒钟的毅力。如被对手压在桥上时要坚持住，使对手压不下去，从而等待时间和机会，这样就有可能脱离桥并把对手压在下面。往往重新占据主动的局面产生于再坚持一下的努力之中。

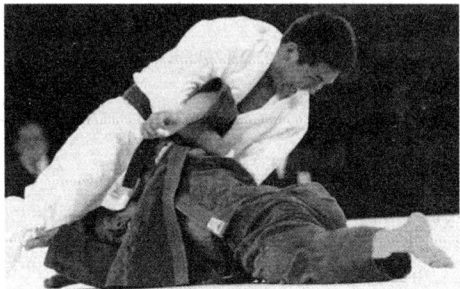

控制与反控制

阻碍防守战术

用格挡或解脱动作，不让对手抓握自己，使其不能接近；若被抓握住得力部位，牵制对手的动作，不让对手使出技法。如运动员一般右架动作的较多，则想方设法抓握对手右袖，使其使用动作时感到很别扭。

使用阻碍防守战术要求手法好，动作快，抓住得力部位作支撑推拉动作，要求臂的力量大。

化解防守战术

用防守方法把对手进攻的方法化解掉，使其进攻失败。如对手用挑我则用骑，对手用大腰我就用移腰，每个进攻方法都有防守方法。但是用防守方法时，不能让对手的进攻方法用严，即不能让对手身法、手法、步法等都到位，而且自己的反应要快，要事先判断出对手用什么方法，然后让防守方法走在前面，等着对手进攻。

以攻代守战术

对手进攻时我也进攻，这是以方法抵制方法的防守，也就是彼不动，我不动；彼欲动，我先动。如对手背负投我也背负投，这就要求动作要快，使对手顾此失彼。

反攻也属于这类防守，对手用进攻方法，我用反攻方法。这也要求事先判断清楚，然后对症下药，并要求技术全面。

移动战术

对手实力强，或是因为判断失误，或是因为技术错误，被迫处于被动地位，这时的任务是努力脱开这种被动局面，或是拖延时间等待时机，这就要合理地使用场地，采取移动或爬动的战术。

如对手实力强，可以打散手跤，不搭手，保持远距离并绕着对手转，做假动作，引诱对手，创造进攻机会。若被抓住也可以用动作移动到场地边缘，等对手一用动作，顺势出界。这要求使用动作迫使对手自然地移动到场地边缘，而不能直接向外走，或直接推拉对手。

在进行寝技角斗时，处于下面的人可以借助对手的动作向外爬甚至出界。但不能在对手接触自己或用动作之前直接向外爬。

在实际的柔道比赛中，多是进攻、防守、反攻交错进行，很少仅是单纯的进攻或是单纯的防守。

拟订一场柔道比赛的战术必须有进攻和防守措施，至于什么时候进攻，什么时候防守，要根据当时的具体情况和具体条件而定，可以先攻后守，或是先守后攻，也可攻守交替。

各种战术是互相矛盾相互克制的，正如每个进攻方法都有反攻方法一样，由于柔道比赛过程情况复杂、变化多端，对手情况多种多样，运动员应根据比赛中随时变化的情况灵活机动地运用一种或综合的多种战术，从而达到预定的比赛目的。

运动员的身体素质训练

身体素质训练是指在柔道运动训练中，运用各种有效的训练手段和方法，用以提高运动员的技能水平，提高运动员承受运动负荷的能力，发展专项所需的各种身体素质的训练。

身体素质训练是柔道运动训练的重要组成部分，它是学习和掌握专项技战术的必要条件，是运动员承受大负荷训练和高强度比赛的基础，也是运动员在训练比赛中保持稳定、良好心理状态及提高运动成绩的基础，是减少运动损伤、延长运动寿命及培养顽强意志、品质的有效手段。

身体素质训练可分为一般身体素质训练和专项身体素质训练。一般身体素质训练采用各种非专项训练手段和方法进行练习，目的在于增强体质，提高各器官和系统的机能，全面发展各种身体素质和改善运动员身体形态。专项身体素质训练采用与专项技术结构相似的练习或专项的基本动作来发展专项所需的运动素质，以保证更快更好地掌握专项技术动作和承受大强度的运动负荷。

运动员的身体素质训练一般包括力量、速度、耐力、柔韧、灵敏等方面，这些素质不是孤立存在和发展的，它们是相互影响、相互制约、相互促进的。运动员的身体素质训练水平与技战术、心理等训练水平及身体机能、身体形态等有着密切的联系，可以说高度发展和全面发展的身体素质是运动员掌握柔道技术的物质基础，是减少和预防运动损伤的保证；同时身体素质又必须通过技术才能充分发挥出来，它们相辅相成、相互影响。如较快的速度有助于提高柔道运动员使用技术的成功率；较大的力量素质有助于弥补在其他素质方面的欠缺。可以说良好的身体素质对提高运动员机体能力、改善身体形态、增进健康、延长运动寿命、增加比赛的心理稳定性等都有积极的意义。

因此在素质训练中，应尽量结合技术训练来进行。如在练习运动员的反应速度时，要求运动员在看到配合者身体移动的一刹那，立即以最快速度使用双手背负投技术，这样练习的效果在一定程度上就好于单纯的用跑步来提高速度。

身体素质训练的基本要求

（1）在多年、全年训练中，要合理地各自有计划地安排身体素质训练。应根据不同的训练对象，不同训练过程、训练任务的要求而区别对待，尤其在青少年儿童训练阶段，由于其身体素质的发展是有一定规律的，如速度素质一般在 8～13 岁时提高得最快等。因此，应抓住有利时机安排相应内容的身体素质训练，使各运动素质得到适时的发展。

（2）明确训练目的，结合意志品质的培养。身体素质训练内容相对比较枯燥，运动员易感到疲劳，因此教练员要使运动员明确训练目的，加强思想教育，通过训练培养他们吃苦耐劳、坚忍不拔的顽强意志和品质。

（3）做好准备活动，尽量避免损伤情况发生。在进行身体素质训练之前，一定要充分做好准备活动，注意练习内容的交替，避免局部负荷量过大。练习后则要安排放松恢复措施，尽量避免损伤情况发生。在柔道素质训练中，容易造成损伤情况的原因有：练习力量时负载量过大或负荷量过大；练习速度时，准备活动不充分而使肌肉、韧带拉伤；进行柔韧练习时，准备活动不充分或助力过大，而使肌肉韧带拉伤；练习灵敏素质时，间歇时间太短，局部负荷过大，而造成损伤情况发生等。

（4）经常进行检查和评定。对运动员的各项身体素质训练应经常或定期进行检查和评定，了解训练效果，并及时进行改进和调控，使之全面、协调、按比例地发展。

力量素质

力量素质是人体运动的最基本素质，力量素质的好坏在一定程度上影响着其他素质的发展。力量素质可分为最大力量、快速力量和力量耐力三种。在柔道训练中，三种力量素质在训练中互相促进、互相影响。而快速力量则是主要的练习内容。

进行力量训练，能够使支配肌肉的神经中枢的机能得到改善，提高神经过程的强度，增强神经冲动的传递，从而改善神经系统的调节机能。发展力量素质的练习手段有克服外部阻力和克服自身重量的练习，又分为动力性练习和静力性练习。柔道运动中的大部分动作均要求快速反应、爆发式完成，还要求高度的机动性和灵活性，更多的应是采用动力性练习方式。

1. 上肢

（1）卧推杠铃、壶铃、哑铃等。

（2）颈后推杠铃（片）。

（3）仰卧扩胸。

（4）平推杠铃

（5）（负重）引体向上、爬绳杆。

（6）各种俯卧撑（倒立、波浪等）。

（7）左右甩杠铃片。

（8）俯卧飞鸟。

（9）弯举杠铃、哑铃、壶铃。

（10）腕屈伸、拧千斤棒。

（11）颈后弯举。

（12）俯卧拉。

（13）推小车。

（14）推砖：两手各抓一砖，向各个方向推出。

（15）拉皮筋：利用皮筋做各种摔跤动作。

（16）左右手轮流抓杠铃片。

2. 躯干肌

（1）仰卧起身（腿部可垫高，两手可持重物，可左右转体，小腿折叠）。

（2）俯卧挺身（背上可负重）。

（3）站立负重左右转体。

（4）站立负重体前屈。

（5）负重体侧屈。

（6）仰卧起坐。

（7）收腹举腿。

（8）硬拉。

（9）肋木举腿。

（10）转身侧拉杠铃或壶铃。

（11）负重腰侧屈。

（12）仰身收腹。

（13）俯卧摆动。

（14）俯卧撑跳。

（15）直腿拉重物。

（16）俯卧背腿。

3. 下肢

（1）负重杠铃深蹲、前蹲或半蹲。

（2）（负重）跳山羊。

（3）负重蹲跳。

（4）负重提踵直腿跳。

（5）负重蹬板凳。

（6）跳深（可负重）。

（7）（负重）跳台阶。

（8）各种蹲跳。

（9）（负重）蛙跳。

（10）腿举。

（11）负重连续提踵（或骑人提踵）。

（12）（负重）箭步蹲、箭步行进。

4. 全身大肌肉群

（1）高翻。

（2）左右转杠铃。

（3）正抱人走。

（4）反抱人走。

（5）扛人走。

在柔道力量训练中，主要是发展最大力量和快速力量。发展最大力量的两个途径是：

一是依靠肌肉内协调能力的改善；二是通过增大肌肉体积以增大肌肉的收缩力。练习强度从本人最大负重的 50%～100%，练习次数随着强度的增加而减少。

在柔道训练中，常采用金字塔形的训练方法，具体形式一般有正三角形、倒三角形、双三角形。快速力量的练习则一般采用中等重量（70%～90%）、组数为 4～6 组、次数为 4～6 次、以最快速度进行的练习方法。

练习的方法手段应和专项动作特点紧密结合，着重从动作结构、动作速度、肌肉收缩形式、肌肉用力的顺序等方面来进行。同时注意大小肌肉群的平衡发展，突出快速力量的训练，将不同性质的力量交叉安排，避免局部负荷过大。并且要注意考虑运动员特点、性别、年龄和训练程度等，做到有针对性地合理安排。一般在每周安排 2～3 次集中力量练习，也可以将局部的力量练习分散在每天中进行练习，如周一练腿部力量，周二练腰腹肌力量，周三再练腿部力量等。力量训练后注意放松，以消除肌肉疲劳，防止肌肉僵硬。

速度素质训练

速度是指人体快速运动的能力。可分为反应速度、动作速度和位移速度三种表现形式。在柔道运动中，反应速度和动作速度占重要位置。反应速度主要是运动员根据比赛中对手的状况而作出快速应答的能力。反应速度受遗传因素影响很大，训练在很大程度上是使运动员遗传潜在的反应速度表现出来。

反应速度的提高主要取决于运动员对对手做出的动作的应答动作的熟练程度。运动员主要依赖本体感觉进行反应，因此，应着重提高他们的本体感觉反应能力。动作速度是指运动员完成单个动作或组合动作的能力。动作速度与准备姿势、动作

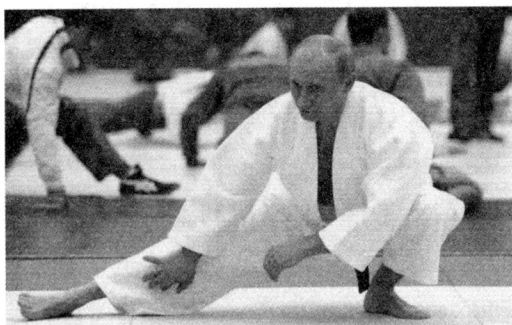

普京正在进行柔道前准备活动

熟练程度、灵活性、协调性、快速力量等有关。

发展速度素质的练习手段：

（1）利用突然的信号刺激，主要是让同伴作出准备进攻的动作，令运动员快速作出柔道动作的应答反应。在柔道训练中，如让配合者作出大外刈举腿动作时，练习者则立即作出防守动作，如迅速反方向转髋转腿等动作。

（2）短距离（10—30米）的最快速跑。

（3）结合技术的专门练习：听口令做出各种动作、双腿连续高抬腿、单腿连续高抬腿、左右侧交叉步跑等。

（4）不同距离的折回跑、接力跑。

（5）上下坡跑、牵引跑、上下跑台阶。

（6）在规定时间内要求完成规定的动作次数或逐步缩短完成动作的时间。

（7）利用器械重量的变化而获得的后效作用提高动作速度，如配对互相投技时，同伴可穿沙衣或由第三个同伴在后面拉着对抗用力，然后减少阻力用以提高动作速度。

速度素质训练应在运动员精力充沛、兴奋性高的情况下进行。在训

练动作速度时，要使所采用的动作尽可能地与柔道比赛动作结构相似。目的在于把所获得的动作速度直接转移到柔道比赛的动作上去。在进行动作速度训练时，所采用的练习，一般应是运动员已熟练掌握的。目的在于使运动员的主要精力集中在完成动作的速度上。

耐力素质训练

耐力是指人体长时间工作的能力。柔道比赛时间长，对柔道运动员的耐力水平要求比较高。在柔道训练中，一般将耐力素质分为一般耐力和专项耐力。

一般耐力又称为有氧耐力。训练有氧耐力的目的在于提高运动员促进有机体的新陈代谢，为训练负荷量的增加准备条件。

专项耐力是指在柔道训练和比赛中，运动员克服专项运动过程中所产生的疲劳的能力。一般来说，柔道运动员的专项耐力训练的目的在于提高运动员机体在承受长时间供氧不足的情况下坚持长时间工作的能力。

发展耐力素质的练习手段：

（1）各种形式的长时间跑，如越野跑、持续跑、变速跑等。

（2）球类运动，如足球、篮球等。

（3）各种长时间的游戏、游泳、跳绳、循环练习。

（4）连续进行较长时间的各种攻守练习。

（5）结合技术进行单个动作的多组次练习，逐步增加练习的密度和强度。

在耐力训练中应重视运动员意志品质所起的作用，尤其在体力大量消耗的阶段，意志坚强者在耐力表现上一般优于意志薄弱者。因此，在耐力训练中应与运动员的意志品质、思想作风的培养和心理素质方面的训练与调控结合起来。

柔韧素质训练

柔韧是指人体各关节活动幅度的大小和肌肉、韧带的伸展能力。它是柔道运动员的重要素质之一，直接影响完成柔道动作的质量和对高难技术的掌握。良好的柔韧性可使动作更加到位，并减少运动员损伤的发生。发展柔韧素质的训练方法基本有两种，即动力拉伸和静力拉伸。在使用这两种拉伸方法的过程中又都有主动拉伸和被动拉伸两种不同的训练方式。

动力拉伸是指有一定节奏的多次重复同一动作的拉伸练习。静力拉伸是指通过缓慢的拉伸将肌肉韧带等软组织拉长，拉到一定程度时就静止不动，从而使其得到持续被拉长的刺激。主动拉伸是指运动员依靠自己的力量将肌肉等软组织拉长；被动拉伸是指依靠外力的作用，使运动员的肌肉等软组织拉长。在柔道训练中，一般将这几种拉伸方法结合起来使用。主要发展腿部的前、后、侧肌群的伸展性和髋、踝关节的灵活性。需经常采用前、侧、后等不同方向的压、扳、控、踢等方式进行训练。

发展腿部柔韧素质的练习手段：

（1）身体直立或坐下，膝部伸直，上体前屈靠腿，可向前、侧方向拉伸。也可将一条腿放在横杆、肋木或类似的器械上进行。

（2）被动拉伸的扳腿，运动员仰卧上举一腿，膝部伸直，由其同伴或教练抓其上举腿的踝部向练习者的胸前按压。运动员背对墙或肋木，一腿站立，另一腿前上举，膝部伸直，由其同伴或教练助力按压。

（3）各种方式和方向的踢腿，可行进间踢，也可手扶支撑物踢，可向前踢，也可向后、侧踢，由于多是爆发式地进行踢腿，一般练习次数不要太多，可适当增加组数。

（4）跪坐压脚面，两腿并拢，上体后仰，使臀部向后坐压踝部，同时也使大腿前肌群得到拉伸。

在进行腿部柔韧训练的同时，也要适当发展肩、髋等部位的柔韧性。应从少年儿童抓起，逐步增大动作幅度，动作要求到位，若是外力帮助则要循序渐进地用力，一定要避免使肌纤维拉伤。在练习间歇时，可安排一些肌肉放松的练习、放松摆腿或进行一些按摩等。柔韧练习一般安排在早操和课的准备部分及结束部分。练习时要做好准备活动，注意练习时的气温，气温低时准备活动时间要适当延长，也可预先对相应的肌肉进行按摩。柔韧素质很容易消退，因此要坚持经常练习，巩固和发展已取得的练习效果。

灵敏素质训练

灵敏是指运动员在各种复杂条件下，迅速、协调、准确、灵活地完成动作的能力。柔道要求运动员经常改变身体的位置和方向，如横踢接后旋踢，或者连续横踢等复杂动作，都要求运动员具有高度的灵活性、良好的判断力、较快的反应速度和根据比赛中的实际情况调整身体方向和位置的能力。

发展灵敏素质的练习手段：

（1）在两人配合练习时，根据同伴的身体移动情况，进行各种躲闪、突然进攻、迅速转体等练习。

（2）各种变换方向追逐性的游戏（如贴人游戏等）。

（3）根据教练员发出的不同手势迅速改变动作或向各个方向移动脚步。

（4）在迅速转体后完成反向动作。训练灵敏的方法应经常变换，在训练中要多采用与专项要求相一致的练习手段，并要结合各种手势来提高运动员的判断能力、灵活性、反应能力和控制身体平衡的能力。一般将灵敏素质训练安排在训练课主要部分的开始阶段，在运动员体力充沛的状态下进行，练习时间不宜过长，身体疲劳时不宜进行灵敏素质的训练。

柔道受伤防治

众所周知，柔道这门运动是对抗性很强的运动，在比赛或者训练中难免会受伤。当受伤时以下几条会有很大用处。

（1）受伤后不要再去运动受伤部位。

（2）拿冰块包在疼痛感最强烈的部分。

（3）直到有所缓解后把疼痛感强烈的地方用凉水浸湿的毛巾包住30分钟。

（4）如果还疼就请及时就医检查有没有脱臼、骨折之类。

当比赛或训练时不要害怕：比赛或者训练时千万别害怕，有句话是这样的"你越是不想什么，你就越想什么"。所以比赛或者训练时如果你害怕了，你就很可能提高了受伤的概率。只要不去害怕比赛或者训练，你几乎不会受伤。

PART 8 裁判标准

裁判员基本职责

在比赛过程中，裁判人员通过履行其职责，进行正确的裁判工作，来保证比赛的公正、公平。

在通常情况下设有 1 名主裁判员和 2 名副裁判员。主裁判员和副裁判员在记录员和计时员的协助下工作。

国家级柔道协会的裁判员和技术辅助人员有：计时员、记分员、记录员和其他技术人员必须年满 21 岁，至少参加过 3 年以上的全国性裁判工作，并且对柔道竞赛规则理解透彻。组织委员会必须保证他们在执行任务之前接受过系统训练。比赛要求至少有两名计时员，一名计整场比赛的时间，另一名专门计"压技"时间。如果可能的话可设第三名计时员对上述两名计时员进行监督，以避免错误和遗忘。

柔道项目裁判长

负责计整场比赛时间的计时员在听到"开始"或"开始吧"的口

令时，启动计时器；在听到"暂停"或"原姿势暂停"时，关闭计时器。

负责计压技时间的计时员在听到"压技开始"的口令时，启动计时器；在听到"原姿势暂停"的口令时，关闭计时器；在听到"开始吧"的口令时，重新启动计时器。负责计压技时间的计时员在听到"压技解脱"的口令时，关闭计时器并把"压技"的持续时间通知主裁判，或在"压技"时间到时（30 秒，当被压的一方先前没有被压 25 秒的记录，或没有输掉过 1 个"有技"或受到过"警告"处分），用适当的信号通知主裁判"压技"结束。

负责记"压技"时间的计时员在听到"原姿势暂停"的口令时，应关闭计时器，举起蓝旗；在听到"开始吧"的口令时，应放下蓝旗，重新启动计时器。

负责比赛时间的计时员在听到和看到"暂停"或"原姿势暂停"的口令和手势时，应关闭计时器，举起黄旗；当听到"开始"或"开始吧"的口令时，应放下黄旗，重新启动计时器。

当一场比赛的时间到时，计时员应以清楚、可听得见的信号通知主裁判。

比赛的记分员必须保证学过并能运用规定的符号和记号把比赛记录下来。

除上述人员之外，应设一名记录员负责记录全部比赛过程。

裁判在商讨判罚决定是否合理

假如使用电动计时系统，其程序同上。

比赛者在 3 次点名后（每次点名之间间隔 1 分钟）仍然不出场比赛，将被取消比赛资格。

主裁判的位置和职责

主裁判位于比赛场内，他的职责是指挥比赛并进行判决。主裁判应确保他的判决被正确地记录下来。

当主裁判宣布评分时，应一面注视着比赛者，一面保持其评分手势，同时注意观察副裁判是否由于处在更有利的观察位置而得出不同的评分并打出表示异议的手势。

在寝技中如双方运动员的脸部都朝外，主裁判为了便于观察可以站到安全区内。在执行一场比赛的裁判工作之前，主裁判和副裁判应熟悉比赛场上的计时员用来通知比赛结束时的铃声或其他音响信号。

负责一个比赛场地裁判工作的主裁判和副裁判应确实保证该场地的表面洁净，垫子之间无空隙，副裁判的座椅放在规定位置上，以及比赛双方符合柔道规则的规定。

主裁判判断杨秀丽为冠军

主裁判应确实保证观看比赛的观众、比赛双方的支持者以及摄影师所在的位置不会妨碍裁判工作，或不会对比赛双方造成伤害。

副裁判的位置和职责

两名副裁判应坐在比赛场外两对角的位置上协助主裁判工作。

每一名副裁判若对主裁判宣布的评分、判罚标准保持不同意见时，须采取规定的正确手势表示自己的意见。若主裁判表示的评分或判罚标准高于两名各持不同意见的副裁判时，他必须按照两名副裁判汇总表示较高那一位的意见，更正他的判决。

若主裁判表示的评分或判罚标准低于两名各持不同意见的副裁判时，他必须按照两名副裁判中表示较低的那一位的意见，更正他的判决。

若一名副裁判的意见高于主裁判，而另一名副裁判的意见低于主裁判时，则主裁判可以维持他的判决。

若两名副裁判都对主裁判的判决有异议而主裁判又没注意到他们的手势时，他们则可以站起来，同时保持着他们的手势，直到被主裁判看到并对自己的判决加以更正为止。

若经过一段时间（几秒钟）后，主裁判仍然没有察觉到站起来的副裁判时，靠近主裁判一边的副裁判应立即走近主裁判并把多数意见通知他。

副裁判必须用规定的手势对界内施技有效或出界表示出自己的意见。裁判员之间的意见不统一时可以商议，除非主裁判或一名副裁判确实看到了其他两名裁判没有看见的情况，这时少数者的意见也可以作为判决的依据。

副裁判必须监督记分员正确无误地把主裁判的宣判记录下来。

若主裁判认为某一比赛者有正当理由暂时离开比赛区时，其中一名副裁判必须陪同前往以免发生违例现象。这种准许离开赛区的现象仅限于在特殊情况下使用（如更换不合规格的柔道服）。

副裁判和主裁判在发奖期间或长时间间歇时，应离开比赛场地。

副裁判必须按下述姿势坐：两腿自然分开坐，上身抬起，两手放在膝盖上，掌心向下。

在没有得到主裁判同意的情况下，副裁判不得对记分板上的任何记录做更改，但副裁判若发现记分板上的记录不正确时，他必须提醒主裁判注意。

若副裁判的位置影响到比赛时，副裁判应迅速携座椅一起移动。

若一名副裁判不同意主裁判做出的决定，或主裁判没有做出决定，他必须用手势表示自己的意见。

副裁判不许在主裁判之前打出表示得分的手势。

对于在边界上施技，副裁判应首先做出表示该动作在界内或界外的手势。然后，如果有必要，再打出其他手势。

假如一名比赛者需要在比赛场外更换服装，而副裁判均非同一性别，则有竞赛委员会指定一名同性别的工作人员陪同前往。

在本比赛场地没有比赛，而在相邻的场地比赛正在进行的情况下，若本比赛场

柔道裁判打手势

副裁判的座椅影响到相邻场地比赛时，须搬开他的座椅。

若一名副裁判做出表示界外施技的手势，而主裁判和另一位副裁判又分别对该动作做出了不同的评分手势，首先应按多数意见解决究竟是界内还是界外施技。然后根据情况再定，若该动作被判为界内，则按多数意见评定得分等级。

裁判员手势

主裁判手势

主裁判须按下列要求做出手势。

"一本"：单臂向上高举过头，掌心向前。

"技有"：单臂侧平举与肩同高，掌心向下。

"两次技有合为一本"：先做出"技有"的手势，然后再过渡到"一本"手势。

"有效"：单臂侧举与体侧成45度角，掌心向下。

"效果"：单臂屈肘体侧上举，掌心朝前，大拇指向肩。

"压技开始"：单臂向前下方指向比赛者，同时面向比赛者，身体弯曲。

"压技解脱"：单臂向前（拇指向上）、同时由右向左迅速摆动2～3次。

"平局"：单臂向上高举，然后挥落至体前（拇指向上）稍停。

"暂停"：单臂前举与肩同宽，大致与地面平行，然后翻腕（手指向上）掌心向计时员。

"原姿势暂停"：身体向前弯曲，用两手掌心触及比赛双方。

"开始吧"：用手掌心触及双方比赛队员，然后按一下。

表示一个技术动作"无效"：单臂向上高举过头，然后由右向左摆动2～3次。

"判定"：单臂向上高举过头，掌心向里。

"宣判胜方"：（优势获胜、不战获胜、综合获胜）：单臂高举过肩，掌心向前，指向胜方。

令比赛者"整理服装"：在腰带的高度交叉双手，左臂在上，右臂在下，掌心向里。

"消极"（提醒缺乏斗志的比赛者）：前臂与胸同高，双臂向前绕环，然后用食指指向缺乏斗志的一方。

"宣布处罚"（指导、注意、警告、取消比赛资格）：握拳，伸出食指，指向该比赛者。

主裁判示意医生做医务检查时须一手平伸，朝向医生；另一手伸出食指，朝向记录员作为第一次检查的信号。第二次检查则应伸出食指和中指。

在出现轻微事故时（如鼻出血等）示意医生触及比赛者：一手平伸掌心向上指向比赛者。

示意医生可向比赛者进行任意检查或治疗：双手平伸掌心向上指向比赛者，同时主裁判必须向医生宣布"治疗"或"检查"。

虚假动作：双臂前伸握拳，双手做向下的动作。

危险区处罚：一手指向危险区，另一手在身前高举过头，手指张开，然后指向被处罚的比赛者。

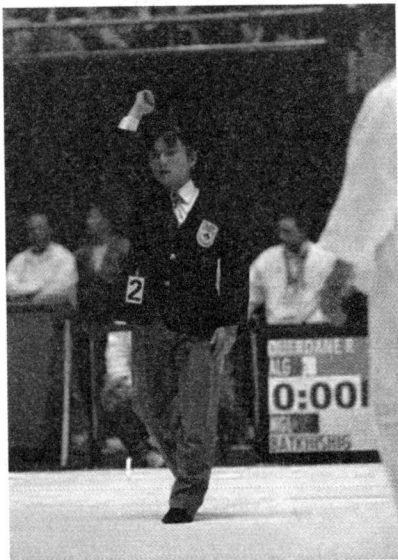

比赛中的女裁判

当情况不是分辨得十分清楚时，主裁判做出规定的手势后，可再指向红色或白色的标志线（开始一场比赛时，比赛者站位的红、白标志线），指明哪一方比赛者得分或受罚。

在比赛需长时间中断时，主裁判可向比赛者开始比赛时的位置平伸手臂，掌心向上，示意比赛的一方或双方，盘腿坐在开始比赛的位置上。

在做"有效"和"技有"的手势时应先使手臂在胸前交叉，然后向侧挥至正确的位置上。

在做完"效果"、"有效"和"技能"的手势后应保持原姿势同时转体90度，以使副裁判能清楚地看到主裁判做的手势；但在做转体的同时须使比赛双方保持在主裁判的视野内。

比赛双方同时受到缺乏斗志的提醒时，主裁判应分别指向双方（左手指向他左边的比赛者，右手指向他右边的比赛者）。

更正判决的手势须紧接着在取消评分或判罚的手势之后。

要取消一个评分或判罚时，只打手势，没有口令。所有的手势均须维持至少3秒。

在宣判胜利时，主裁判应回到他开始该比赛时所在的位置，向前上一步，指出胜方，然后再退后一步。

副裁判手势

表示比赛者在比赛区内，副裁判须单臂沿比赛区的界线向上高举，然后拇指向上，挥落至与肩同高，略停片刻。

认为比赛的一方在比赛区外，副裁判单臂沿比赛区的界线向上高举，然后拇指向上，挥落至与肩同高，拇指向上，由右至左或相反摆动若干次。

认为主裁判按照柔道规则第8条1款所做出的评分，判罚手势无效时，副裁判须单臂向上，高举过头由右至左摆动2~3次。

副裁判对主裁判的判决有异议时可按柔道规则第8条1款的要求，做出表示意见的手势。

在主裁判宣布"判定"以后，副裁判应立即举起白旗或红旗高过头，表示他们认为哪一方该获胜。

在主裁判宣布"判定"之后，副裁判可同时举起白旗和红旗表示"平局"。

当1名或2名副裁判在寝技中（寝技中双方无进攻动作）希望主裁判宣布暂停时，他应做出"举起双手掌心向上"的手势。

在需要判定时，2名副裁判必须将旗拿在相应的手中。

裁判员的组成

通常情况下一场比赛设一名主裁判员和两名副裁判员，主裁判员位于比赛场地内负责指挥比赛并进行判决，两名副裁判员坐在比赛场地外对角的位置上负责协助主裁判进行工作。

裁判员服装

上衣：内衣为白色衬衣并系领带，外衣为蓝色西装。

下衣：为灰色西裤，还要求赤脚或穿袜子。

PART 9 赛事组织

国际柔道联合会

国际柔道联合会（International Judo Federation，IJF）简称国际柔联，于 1951 年 7 月由欧洲柔道联合会倡议成立，现有 187 个协会会员，分属 5 个大洲联合会。工作用语为英语和法语。

柔道在第 18 届东京奥运会上被列为奥运会的正式比赛项目。

自 1980 年首届国际女子柔道锦标赛在美国纽约举行以来，女子柔道运动发展迅速，被列为 1988 年汉城奥运会表演项目，1992 年巴塞罗那奥运会上成为正式比赛项目。

国际柔联的任务是支持和改善各会员之间的友好交往；举办世界锦标赛和奥运会比赛；在全世界普及柔道运动；发展和改进柔道技术；编写柔道技术细则等。

代表大会是国际柔联的最高权力机构，每两年召开一次，任务是选举国际柔联领导人，批准和修改章程，审议领导委员会报告，吸收会员，讨论协会会员的建议。一个协会会员可派 2 人与会，但只有 1 票表决权。

代表大会闭会期间，国际柔联的活动由领导委员会负责，该委员会每年至少开会一次，其成员包括主席、5 位副主席、秘书长、总司库、竞技主任、裁判主任和教育主任。领导委员会成员除副主席外，均由代表大会选举产生，任期 4 年，可连选连任。国际柔联现任主席是韩国人朴龙星，秘书长是杜霍伊布（Hedi Dhouib）。大洲的柔联主席均为国际柔联副主席。

国际柔联设有由竞技主任、裁判主任和教育主任组成的技术理事会，来处理柔道运动中的技术问题。

国际柔联的主要赛事除奥运会柔道比赛外，还有世界男子柔道锦标赛（1956 年始）、世界女子柔道锦标赛（1980 年始）和世界青年柔道锦标赛（1976 年始）。

中国柔道协会于 1983 年 1 月加入国际柔联。

国际柔联秘书处设在韩国。每个国家的柔道协会均可加入国际柔联。国际柔联只吸收举行世界锦标赛或奥运会的地方。国际柔联力争在各大洲轮流举行世界锦标赛。如果由于某种原因未能举行世锦赛，那么也必须召开代表大会。如果没有一个会员国愿意承担大会的组织工作，那么代表大会即在总部召开。

代表大会的任务：选举国际柔联领导人；批准和修改章程；审议领导委员会的报告；吸收新会员；讨论各会员协会提出的建议。

代表大会只讨论预先规定的议题。因此，秘书处要求各会员国必须在会前 3 个月把想要讨论的问题呈交上来。日程上预先没有安排的议题，只有得到大多数代表的同意，才能讨论。

每个会员可派出 2 名代表参加代表大会。但只 1 人有表决权。非会员协会的代表可在大会上发言。

代表大会的全部工作由国际柔联主席统一领导。如果主席缺席，则由第一副主席代理。领导委员会成员无表决权。

代表大会的决议需得过半数通过。表决通常采用公开投票。只有在选举和决定重大问题时，才进行秘密投票。票数相等时，主席的一票起决定作用。应至少 3 个洲的半数会员国的要求或根据领导委员会的建议，可以召开特别会议。

领导委员会负责日常工作。其成员包括主席、若干副主席、秘书长和副秘书长、司库、竞技主任和副主任。领导委员会成员除副主席外，均由代表大会选举产生，任期4年，可连选连任。选举公开进行；在一次代表大会上选举秘书长、司库、竞技主任。副主席由各洲推荐（每洲1个），按票数多少排列。他们协助主席工作。在主席缺席的情况下，由第一副主席行使其职权。

常设局由主席、第一副主席、秘书长、司库、竞技主任组成。常设局会议由秘书长根据主席要求召开。常设局决定紧急的和重大的问题，但一切决议都得呈交领导委员会批准。

秘书长领导秘书处的工作，负责与各洲柔联和各会员之间的联系。司库管理财务，每年向代表大会报告财政收支情况。竞技主任及其助手领导竞技工作，他们同各洲柔联任命的技术顾问组成技术委员会。

国际柔道联每逢单年举行世界锦标赛，双年举行世界青年锦标赛。

奥运会柔道比赛

1964年的东京奥运会上，柔道首次亮相奥运赛场。此后，除1968年墨西哥奥运会以外，柔道均为奥运会正式比赛项目。

1988年汉城奥运会上，女子柔道作为表演项目出现。四年后在巴塞罗那，女子柔道成为奥运会正式比赛项目。

在奥运会和成人柔道世锦赛中，单场比赛时间为5分钟。比赛设有一名场上裁判和两名副裁判。比赛依靠力量、速度和身体控制使对手背部着地的方式取胜。其他立即获胜的方式还包括将对手压在地上达到25秒钟，使用绞技、关节技等技术迫使对手认输。除立即获胜之外，柔道还设有效果、有效和技有3级比分。比赛结束后，比分高者，或获得更多相同有效分的一方胜出。

比赛的一方使用投技以相当的力量和速度使对手背部着地，或使用"压技"将对手压在地上达到25秒钟，或使用绞技、关节技迫使对手使其认输，即可获得"一本"。当裁判宣布一方获得"一本"时，该场比赛结束。如果比赛中未出现一本，则按记分板上显示的比分决胜。比分按"效果"、"有效"、"技有"升序排列。两个"技有"相当于一个"一本"。

如果运动员在比赛中消极，或使用犯规动作，经副裁判同意，场上裁判可以对该运动员予以处罚。当比赛一方受到"指导"处罚时，另一方则获得一个"效果"得分。

如果双方得分相同，或者都没有得分时，将采用金分制决出胜负。也就是说记分板上的分数将清零，并立即进行加时赛，加时赛最长不超过5分钟。加时赛中，先得分者获得比赛的胜利。每一级别的比赛均设有1枚金牌，1枚银牌和2枚铜牌。

2008年奥运会上，观众将会看到参赛两方运动员穿着不同颜色的比赛服，悉尼和雅典奥运会以及其他国际柔道比赛中也是这样。比赛服装，或称为柔道服，以前均为白色。但为了便于在重大国际比赛中区分运动员，1997年国际柔道联合会决定采用彩色柔道服。每场比赛中，一方运动员身穿蓝色柔道服，另一方则为白色。

柔道普及范围很广。例如，在雅典奥运会上，共有来自24个国家和地区奥委会的运动员分享了56块奖牌，40个国家的运动员进入前8名。

PART 10 礼仪规范

柔道运动员的礼节

柔道是一项非常重视礼节的运动项目，无论是在练习时还是比赛时都必须是始于礼而终于礼。礼，作为柔道运动的一部分，体现了尊重、敬佩和礼貌。

礼法

1. 立礼（鞠躬礼）

基本姿势：两脚跟并拢，两脚尖约 60 度角分开，身体自然站立。

行礼时的动作：上体前屈约 30 度角，内收下颌，双手位于膝盖之上。

2. 坐礼

基本姿势：双膝跪地，膝间距约 20 厘米，两脚并拢，脚背朝下，拇趾重叠，两手指自然并拢，虎口朝向自己身体位于大腿根部。

行礼时的动作：两手抬起置于体前垫上，手指自然并拢两手间距约 6 厘米，上体前倾。

站立   坐礼

竞赛规则中对行礼的规定

1. 开幕式时的开始礼

在运动员列队完毕后，作为开幕式的最后一项内容是所有的裁判员在队伍官员和运动员前面列队，全体面向主席台行鞠躬礼。然后所有裁判员逆时针转身面向运动员，双方互行鞠躬礼。然后依据程序按顺序退场，比赛开始。

2. 闭幕式时的结束礼

在运动员列队完毕后，作为闭幕式的最后一项内容所有的裁判员在队伍官员和运动员前面列队，然后所有裁判员逆时针转身面向运动员，双方彼此行鞠躬礼。然后所有裁判员逆时针转身面向主席台，全体面向主席台行鞠躬礼。然后依据程序按顺序退场，比赛结束。

3. 裁判员的礼节

首场比赛出场裁判员的礼节：在首场比赛开始之前第一组裁判员按照副裁判员—主裁判员—副裁判员的顺序沿着比赛场地的边沿走向中间的位置，到达中间位置后，转身面向主席台并排向主席台行鞠躬礼，然后进入比赛场地。当裁判组进入到危险区域后，再次向主席台行鞠躬礼。行礼完毕后主裁判后退一步、两名副裁判转身面对面相对，裁判组相互间行鞠躬礼，然后各就各位。

首场比赛之后出场裁判员的礼节：在首场比赛第一组裁判员之后出场的裁判员，按照副裁判员—主裁判员—副裁判员的顺序，沿着比赛场地的边沿走向中间的位置，到达中间位置后转身面向主席台并排向主席台行鞠躬礼，然后各就各位。

一场比赛结束时离场裁判员的礼节：一场比赛结束后，裁判组应先走到比赛场地边沿的中间位置，按照副裁判员—主裁判员—副裁判员的顺序，面向主席台并排向主席台行鞠躬礼然后离开场地。

最后一场比赛结束时离场裁判员的礼节：在最后一场比赛结束后，裁判组先走向危险区域，当裁判组进入到危险区域后，按照副裁判员—主裁判员—副裁判员的顺序，面向主席台并排向主席台行鞠躬礼。行礼完毕后主裁判后退一步、两名副裁判转身面对面相对，裁判组相互间行鞠躬礼。然后，裁判组走向比赛场地边沿的中间位置到达该区域后，再次向主席台行鞠躬礼，然后离开比赛场地。

场地内裁判员互换职能时的礼节：一场比赛结束后，如果场地内主裁判员和副裁判员需要互换位置时，在运动员离开场地后，两人走向危险区域并在此碰面，双方互行鞠躬礼后各就各位。

4. 运动员的礼节

进入和离开场地时的礼节：运动员进入和离开场地均要面向主席台行鞠躬礼。

比赛开始时运动员之间的礼节：运动员沿着比赛场地的边沿走到中间位置时，转身面向场地行鞠躬礼后进入场地，到达各自比赛开始时的标志线时，再次行鞠躬礼。首场比赛开始时运动员的礼节：首场比赛的两名运动员在各自标志线面对面站好后，在裁判员的示意下转身面向主席台行鞠躬礼，礼毕后回身面对面相互行鞠躬礼。

比赛结束时运动员之间的礼节：在听到裁判员宣布结果后，站在各自标志线后的运动员同时后退一步，彼此间行鞠躬礼。

最后一场比赛结束时运动员的礼节：在听到裁判员宣布结果后，站在各自标志线后的运动员同时后退一步，彼此间行鞠躬礼。然后在裁判员的示意下转身面向主席台行鞠躬礼，礼毕后退到比赛场地边沿的中间位置，再次向对手和主席台行礼后离开比赛场地。

柔道观赛礼仪

柔道是一项极为讲求礼节的项目，饱含着东方人的礼节与秩序。竞赛规则中对参赛的队员及裁判员的礼节有着明文的规定。作为观众，要文明观赛：

（1）手机要关机或设置在振动、静音状态。

（2）比赛场馆内不吸烟。

（3）选择恰当时机给予运动员鼓励的喝彩和掌声。

（4）升旗奏国歌时应起立并肃静。

（5）不向场内投掷杂物。

盲人柔道观赛礼仪

盲人柔道属于重竞技比赛项目，这项运动本身非常具有观赏性。这种人与人搏击的体育项目比单纯展示人体自身体能素质的比赛更能让观众兴奋起来。因为其中除了力量之外，还包含了大量的应用技巧；选手们除了需要具备强健的体魄，还需要有非常清晰的战术思路。观看选手如何制服对方、控制对方正是这项运动最吸引人的地方。

盲人柔道规则繁复，而且较之其他运动项目更注重选手间的礼仪。开赛前双方选手要互相致礼，比赛过程中也要遵守严格的场上规则。从以往比赛的获胜者看来，那些获胜者不单在技巧上取胜，他们更有让对手尊重的职业品质。观众的加油无疑是对选手最好的鼓励。但内

盲人柔道组图

行看门道，外行看热闹，要是在一场高手对决的比赛中，丝毫没看出比赛的精彩所在，乱喊好甚至叫倒好，实在是大煞风景的一件事。倒地的选手未必就是输家，进攻猛烈的一方未必就占上风。

另外由于盲人柔道是专门为视力障碍的运动员设置的比赛项目。在比赛中选手看不到裁判员所做的判罚手势，他们主要是依靠听觉。所以在观看盲人柔道比赛时，除了为运动员加油助威以外，在裁判员宣判时要保持安静，以免影响运动员比赛。

PART 11 明星花絮

桂顺姬

桂顺姬是朝鲜最优秀的柔道选手，雅典奥运会上她在女子 52 公斤级有冲金实力。1996 年 16 岁的桂顺姬持外卡参加亚特兰大奥运会，结果她一鸣惊人夺得 48 公斤级金牌，4 年后的悉尼奥运会她又拿到 52 公斤级的铜牌。

2000 年悉尼奥运会上，桂顺姬转向中量级比赛，在全场几百名朝鲜侨民的助威声中获得一枚铜牌。2001 年，桂顺姬获得世界锦标赛冠军，并在 2003 年成功卫冕。2004 年雅典奥运会上，桂顺姬获得 57 公斤级的银牌。朝鲜政府授予她代表最高荣誉的"金日成奖"及"劳动英雄"奖章。

朝鲜柔道名将桂顺姬

桂顺姬出生于一个普通家庭，父亲是出版社编辑，母亲是中学教师。她自

桂顺姬

小喜欢体育，曾获得平壤市少年马拉松比赛冠军。10 岁那年，她进入平壤牡丹峰区青少年体校后，改为练习柔道。1996 年美国亚特兰大夏季奥运会的女子超轻量级柔道比赛见证了奥运柔道历史上最大黑马诞生。

这场比赛的一方是曾经获得 84 场连胜的日本柔道运动员田村，另一方就是持国际柔道联合会外卡参赛的来自朝鲜的仅 16 岁的姑娘桂顺姬。比赛中年轻的桂顺姬不惧身为两届世界冠军的对手，在无人看好的情况下击败田村，夺得奥运会金牌。

在亚特兰大凯旋回国后，她受到朝鲜人民热烈欢迎。数十万市民在平壤夹道欢迎，朝鲜政府又授予她代表最高荣誉的"金日成奖"及"劳动英雄"奖章。

2007 年 9 月 16 日，第 25 届世界柔道锦标赛在巴西里约热内卢进行。在女子 57 公斤以下级比赛中，鸿星尔克集团全球奥运合作伙伴朝鲜队选手桂顺姬击败西班牙人费尔南德兹，成功卫冕。而在 52 公斤比赛中，多哈亚运会冠军朝鲜选手身穿白衣的安金爱击败了韩国选手获得了铜牌，因而，柔道是朝鲜的优势项目。

在这场比赛中，桂顺姬同身体技术条件良好的西班牙选手进行决赛，她一开始掌握主动权，仅在 1 分 5 秒钟内击败对手，不愧于"柔道女王"的称号。

桂顺姬是朝鲜"金日成奖"获奖者、劳动英雄、人民运动员，她曾参加 2001 年、2003 年、2005 年、2007 年世界柔道锦标赛获冠军。

桂顺姬因其出色的战绩，被朝鲜党和政府授予"劳动英雄"、"人民体育工作者"等称号。她作风顽强，技术高超，往往能在很短时间内以"一本"战胜对手。

山下泰裕

举世闻名的柔道"盖世之王"的山下泰裕，开创了世界柔道运动的新时代。在 1977～1985 年的 9 年时间里，山下泰裕所向无敌，连续取得 203 场比赛的胜利，9 次蝉联全国冠军，3 次荣获世界冠军。他获得日本最高荣誉奖"国民荣誉奖"。他是日本柔道界的泰斗，曾历任日本男子柔道集训队主教练、日本柔道联盟理事等职。山下在 1985 年退役前创造了 203 场连胜纪录，被很多人誉为历史上最强的柔道大师。

山下泰裕

山下泰裕唯一的奥运金牌来自 1984 年洛杉矶奥运会。此外山下还获得过 3 枚 95 公斤级世锦赛金牌，尤其是在 1981 年马斯特里赫特世锦赛上，他还斩获一枚无差别级世锦赛金牌。

"电冰箱"山下泰裕

山下泰裕是日本柔道史上的传奇人物。从 1977 年到 1985 年，山下泰裕连续取得 203 场比赛的胜利，9 次蝉联全国冠军，3 次荣获世界冠军，1 次获得奥运会冠军。因此有"无敌山下"的美誉。由于他长得一副胖相，故得一雅号："柔道场上的电冰箱"。

山下泰裕出生于 1957 年，祖父是个相扑运动员。在他幼年的时候，祖父便经常用冷水给他洗澡，以增强身体的抵抗能力和御寒能力。1979

年，在巴黎举行的第 11 届世界柔道锦标赛上，山下泰裕登上了世界冠军的宝座。1981 年，在第 12 届世锦赛上，山下泰裕出场 10 次，均以"一本"取胜，获得了 95 公斤以上级和无差别级赛的 2 项冠军。两年后，他第三次蝉联该比赛的世界冠军。

1984 年，第 23 届奥运会在洛杉矶举行。比赛开始后，山下泰裕仅用 28 秒就取得了首战胜利，随后以"右腕一本"把对手摔倒在地而取得该场比赛的胜利。在冠军争夺赛中，体重 127 公斤的山下泰裕对阵体重达 140 公斤的埃及运动员。山下泰裕只用了 65 秒就巧妙地破坏了对手的身体平衡，以"一本"获胜。最终，他实现了自己的愿望，登上了奥运会柔道比赛的冠军

普京和老朋友、日本柔道界传奇人物山下泰裕（右）一展身手

宝座，人们称赞他是"男子汉的楷模"。他的教练佐藤评价说，山下泰裕是一名出色的柔道选手，他技艺成熟，体格健壮而且有近乎本能的控制能力，每场比赛他都专心致志，全力以赴。

"柔道场上的电冰箱"除了有一身精湛的柔术外，还有着惊人的食量。他在接受记者采访时主动"坦白"道："有一次，我跟 3 个朋友吃饭，记账时，大家算了一下，我吃了 70%，而且还喝了一缸清酒。哎，那缸有这么大。"他笑着指向墙角的一个废纸篓。鉴于山下泰裕对柔道运动做出的突出贡献，1984 年，日本政府授予他日本最高荣誉奖——"国民荣誉奖"。山下泰裕以其高超的技艺，辉煌的成绩，被日本国民尊称为"柔道之王"。

野村忠宏

野村忠宏，日本最知名的柔道运动员之一。很小的时候就开始练习柔道，并在奈良体育教育大学毕业后专门从事柔道职业。

三度获得奥运金牌的选手

尽管只有 1.64 米的身高和 62 公斤的体重，但是在柔道运动中，野村忠宏取得了辉煌的成就。野村从 7 岁开始练习柔道，并在奈良体育教育大学毕业后成为一名专业柔道运动员。1996 年亚特兰大奥运会、2000 年悉尼奥运会和 2004 年雅典奥运会，野村连续获得了 3 枚男子 60 公斤级金牌。

野村忠宏

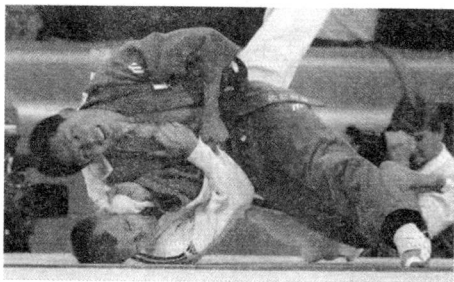
野村忠宏压制对手

野村忠宏出身柔道世家。父亲是 1984 年奥运会金牌得主细川伸二的教练，叔叔野村丰和是1972 年夏季奥运会金牌得主。他在过去三届奥运会 60 公斤以下级比赛中都夺得了金牌。他非常迷信，总是穿蓝色内衣裤。1996年亚特兰大奥运会、2000 年悉尼奥运会和 2004 年雅典奥运会，野村连续获得了 3 枚超轻量级比赛金牌。

其中在 2000 年悉尼奥运会上，野村仅仅用了 4 分 24 秒就击败前 3 个对手进入了半决赛，在决赛当中，仅用 14 秒的时间就取得了胜利，这也是奥运会历史上最快的胜利。野村忠宏曾连续夺得亚特兰大奥运会、悉尼奥运会和雅典奥运会冠军，成为奥运史上第一个三连霸的柔道选手，同时这也是日本在奥运史上获得的第 100 枚金牌。

谷亮子

谷亮子是日本柔道界的超级巨星，深受日本青少年崇拜喜爱，这对于一位身高 1.46 米体重 48 公斤的女孩并不是一件容易的事，但她凭借无数柔道冠军证明了自己。

1992 年巴塞罗那奥运会，不到 16 岁的谷亮子首次亮相就获得了银牌。1996 年亚特兰大奥运会 48 公斤级柔道比赛决赛，当时的谷亮子在 4 年里已经保持了 84 场比赛连胜，不过比赛大爆冷门，谷亮子被名不见经传的朝鲜选手桂顺姬击

日本柔道选手谷亮子

败，再次获得银牌。2000 年悉尼奥运会和 2004 年雅典奥运会上，她终于圆了奥运金牌梦，连续获得两枚 48 公斤级金牌。

从 1993 年至 2007 年，她获得了 7 个世锦赛冠军。雅典奥运会后，她和日本知名棒球选手谷佳知结婚，她的丈夫谷佳知现在效力于日本职业棒球联盟奥力克斯蓝波队。

战神谷亮子勇夺六连冠

谷亮子——熟悉柔道的人对这个名字肯定不会陌生。1992 年巴塞罗那奥运会上，这位不到 17 岁的选手获得银牌一举成名，从那以后她几乎囊括了女子柔道 48 公斤级所有国际比赛的冠军。直到 1996 年亚特兰大奥运会，朝鲜"黑马"桂顺姬爆冷击败了她，而日本的国技——柔道在奥运会上遭到"惨败"。

谷亮子天生就是练柔道的料，她的投技技术全面，基本功扎实准确，进攻速度快，打法灵活多变。熟悉她的日本记者这样评价她，只要是交过手的选手，谷亮子从来没有输过，然而 1996 年桂顺姬却打了她一个冷不防，她们是第一次交手。

2003 年 9 月 14 日，大阪柔道世锦赛的最后一天，日本观众将注意力不约而同地放到了女子 48 公斤级决赛上，因为谷亮子将向世锦赛 6 连冠发起冲击。

2003 年 9 月 6 日，谷亮子刚刚度过了自己的 28 岁生日。而在比赛开始前一个月，她右膝的旧伤复发。对于一名柔道选手来说，28 岁已经不年轻了，但不服输的田村亮子就

谷亮子在比赛中

是不肯退役，她要将运动寿命尽可能延长。

谷亮子的愿望终于实现了，她在决赛中战胜法国选手，实现了世锦赛 6 连冠。日本观众将永远记住这一刻——这是谷亮子最后一次以自己的名字获得的世界冠军——她已经与棒球外野手谷佳知定下了婚约，婚礼即将举行。

谷亮子还透露了自己在本届世锦赛上夺冠的小秘密——吃掉"对

手"。在首战印度选手之前，她特意选择了咖喱饭，而在对阵法国选手前，她选择的又是法国面包，在对阵德国选手前，当然是德国香肠了。当然，这可能是谷亮子在开玩笑，但足见她对每一个对手的重视程度，毕竟体育比赛要以实力作为基础。

李忠云

李忠云，女，1981 年进入朝阳市体校，从事柔道训练，后进入辽宁柔道队，1987 年获得女子柔道 48 公斤级世界冠军，1988 年汉城奥运会上，李忠云代表中国参赛获得冠军。1993 年第七届全运会后李忠云退役，在辽宁女子柔道队执教至今。

中国第一个女子柔道冠军

对于很多年轻的体育迷来说，李忠云是个十分陌生的名字。不过，去过大院的人都知道，在大院的十几座奥运冠军铜像里，其中的一座就是李忠云的。李忠云告诉记者，自己的这个奥运会冠军，有一半的功劳要归冰激凌。

照片上的李忠云，留着小子头，胸前是金灿灿的奥运金牌。李忠云告诉记者，这张照片是她在汉城奥运会上获得冠军后，回到沈阳补拍的。

虽然李忠云是中国的第一个女子柔道冠军得主，但是谈起自己的柔道之路，李忠云戏称是"逼上梁山"。

李忠云说："小时候我学习成绩不错，但我家在农村，能够进城市接受更好的教育一直是我的一个理想。为了能进城，我才走上了体育的道路。后来，在面对上大学还是继续柔道训练这个问题上我犹豫了很久，结果被教练一句'升国旗，奏国歌'打动了，我就留下来了。"

1988年汉城奥运会，不仅对李忠云而且对中国柔道事业有着极其特殊的意义。当时柔道还是表演项目，如果李忠云能获得冠军，不仅能证明自己，也能为中国柔道继续走下去增添信心。因此李忠云自己也特别重视这次比赛。

比赛前集训，为了保证体重能参加小级别比赛，李忠云一直控制着食量，平时想吃什么爱吃什么都得忍着，几乎不敢进食堂。

也许是因为忍得太苦了，到了汉城后的李忠云再也经受不住各种美味佳肴的诱惑了，冰激凌更是成为李忠云难以割舍的美食。

"我每顿饭都要吃上两三个冰激凌，教练看了也担心，怕我控制不住体重，我告诉教练没什么好担心的。"李忠云有自己的想法，原来为了应付比赛可能发生的各种突发情况，李忠云赛前的体重已经降到了最低限度。

另外，李忠云知道冰激凌热量高，吃后易满足有饱腹感，但不易增加体重，同时还能保持体力。

于是大吃着冰激凌的李忠云，最终不负众望战胜日本选手获得奥运冠军。正是因为有了这样的经历，冰激凌成为了李忠云的最爱，只是后来年龄大了才很少吃冰激凌了。

1992年的巴塞罗那奥运会，柔道被列为奥运会正式项目，但在半决赛与一名西班牙选手较量时，李忠云遭到了不公正判罚，最终与金牌失之交臂。1993年，李忠云退役。1996年，李忠云离别刚刚出生的儿子，去北体大进修。两年后回到家，儿子认不出妈妈，叫李忠云阿姨。

李忠云说："从1988年第一次参加汉城奥运会到2008年北京奥运会，我已经在柔道这条路上走了将近20年了，虽然我曾经为国家创造了辉煌，但是我希望大家把我忘记，我想看到我们的年轻队员能够续写辉煌！"

冼东妹

在雅典奥运会比赛中，冼东妹仅用 1 分零 6 秒就以"一本"的绝对优势赢了日本选手横泽由贵。冼东妹于 2004 年奥运会荣获 52 公斤级金牌，2008 年奥运会荣获 52 公斤级金牌。

2004 年雅典奥运会柔道女子 52 公斤级冠军。2008 年北京奥运会再创佳绩，夺得柔道女子 52 公斤级冠军，为中国队赢得雅典奥运会第 5 枚金牌。

一鸣惊人在雅典

冼东妹曾练过摔跤，后来改习柔道。雅典奥运会前，她虽然是两届全运会冠军得主，还拿到过第 21 届世界大学生运动会的柔道金牌，却从未在代表柔道最高水准的单项

冼东妹

世锦赛上有所建树，世界性柔道比赛的最好成绩只是 2004 年循环赛欧洲站的两次冠军。

参加雅典奥运会时，1975 年 9 月出生的冼东妹眼看就要 29 岁，已为人妻，赛前没有人看好她。比赛首轮，冼东妹轮空。第二轮遭遇 2001 年世锦赛 52 公斤级第五名、阿尔及利亚的苏阿卡瑞，双方五分钟内均未得分；通过加时赛，冼东妹方险胜对手。不过，后面的比赛，冼东妹越战越有信心。第三轮碰到 2003 年世锦赛季军、德国的伊穆布利

雅尼，冼东妹根本没有给对手任何机会，凭借两次成功的进攻，便轻取对手。

半决赛，冼东妹遇到了 2003 年世锦赛亚军、法国猛女欧拉妮的强势阻击。对手先获一个"有效"，冼东妹在开局不利的情况下沉着应战，很快回敬了一个"效果"；并以一个漂亮的"一本"，将对手降服在榻榻米上。冼东妹决赛的对手是夺冠的大热门、日本选手横泽由贵。此选手 2001、2003 年世锦赛均进入八强，后一届还获得铜牌。比赛开始，求胜心切的横泽由贵便不断发起进攻。冼东妹一次次巧妙地化解了对手的攻势，并抓住一次机会，以一个近乎完美的"寝技"，将对手牢牢地"固定"在自己身下。横泽由贵拼命反抗，试图摆脱困境，但无济于事。

"一本"——冼东妹以压倒优势击败对手。整个比赛仅仅用时 1 分零 6 秒，堪称速战速决。大器晚成的冼东妹首次参加奥运会，便问鼎成功。这也是该届奥运会中国柔道的首枚金牌。

冼东妹雅典奥运会夺冠不是意外，中国柔道专家王德英曾表示在技术上她不仅全面还很有特点，"冼东妹善于抱腿，这个技术来源于自由跤，同时也开创了中国女子柔道抱腿技术的先河。"

在进攻时她对时机的把握能力很强，尤其突袭的劲儿特足，所以她的成功是意料之中的。对此，冼东妹腼腆地回答说，多亏领导多次劝说要她坚持下来，否则她不会有今天的成就，她非常感谢支持她的领导和亲人们。

在柔坛拼杀 10 多年已 29 岁的冼东妹曾是个摔跤好手，这为她在柔道中使用独特实用的抱腿技术奠定了基础。当时冼东妹的抱腿技术尚不成熟，大多时候她被隐没在悉尼奥运铜牌得主刘玉香身后，在教练指导下潜心修炼拿手绝活儿。2003 年刘玉香升级 57 公斤级，技术逐渐成熟的冼东妹成为 52 公斤级当家花旦，在群英荟萃的欧洲系列赛中屡次凭借灵活的"抱腿"令对手防不胜防。首次亮相后，冼东妹接着在亚洲锦标赛上为中国队斩获一张奥运入场券之后，又在全国锦标赛上夺得该级别冠军进军雅典。

"抱腿技术在当今柔坛用得很多，很好用，用得好的人也很多，"冼东妹谈到自己绝活儿时很谦虚，"现在这个技术也已经在队里传开了，大家都在学，有时教练不在就由我来教。"奥运之行，她常在比赛中使用绝活儿，收益颇丰，尤其是在半决赛对阵比自己高一个头的法国人尤兰妮时，积极发挥抱腿技术仅用98秒就击败对手挺进决赛。

冼东妹夺得女子柔道52公斤级冠军

庄晓岩

庄晓岩，辽宁沈阳人，1990年北京亚运会获得柔道女子无差别级冠军，1992年巴塞罗那奥运会，庄晓岩代表中国队出战72公斤以上级比赛，为中国获得了奥运会历史上的第一枚柔道金牌。

柔道生涯

庄晓岩来自辽宁沈阳，1969年出生，父母是沈阳化肥厂的工人。她从小长得敦敦实实，爱打球，喜欢投掷，在同龄女孩中，有孩子王之称。她14岁进入沈阳业余体校。15岁时，她被辽宁省柔道队选中，教练相中了她的爆发力和柔韧性，从严训练。

庄晓岩曾经多次夺得全国比赛的冠军，一踏上柔道赛场的榻榻米，庄晓岩虎视眈眈的神情就像一头盯着猎物的猛虎，队友也亲切的称她为"老虎"。在柔道队，为了锻炼意志与耐力，曾经安排庄晓岩打连续 14 场每场 5 分钟的模拟比赛。正是通过这样艰苦的锻炼，庄晓岩练就了一身过硬的功夫。

庄晓岩

除了奥运会，庄晓岩还多次在全国和洲际比赛中夺冠。从 1985 年起庄晓岩每年都在全国比赛中摘取桂冠，先后为辽宁队夺得 10 余枚金牌，5 次参加福冈国际柔道比赛，4 次夺魁。1989 年、1990 年的亚太地区和亚运会柔道赛上她均获金牌。1991 年 7 月，庄晓岩参加世界女子柔道锦标赛，决赛中战胜号称"黑铁塔"的古巴名将罗德里格斯，夺得无差别级冠军。世界柔坛专家们惊呼：庄晓岩是世界各国柔道女将夺取世界冠军一道不可逾越的障碍。

在 1992 年的巴塞罗那奥运会上，女子柔道历史上首次被列为正式比赛项目，庄晓岩代表中国队出战 72 公斤以上级比赛，连续几场比赛庄晓岩都以极大的优势轻松获胜，在决赛中庄晓岩面对的是比自己高出半头的古巴选手，结果庄晓岩毫无惧色，依然以一个漂亮的"一本"把罗德里格斯摔倒在地，为中国获得了奥运会历史上的第一枚柔道金牌。

庄晓岩是该届奥运会柔道比赛中唯一连胜 5 场保持不败的金牌得主，也是中国奥运历史上的第一位柔道冠军。在赛场上，庄晓岩犹如下山猛虎，因此也赢得了"老虎"的绰号。

1995 年退役后，庄晓岩在辽宁省体育运动技术学院训练处工作，分管柔道的训练指导工作。

孙福明

孙福明，奥运冠军，中国著名柔道运动员，1996 年，在亚特兰大第 26 届奥运会上获女子柔道 72 公斤以上级金牌，2003 年大阪世锦赛女子柔道 78 公斤以上级别冠军。

她的奥运梦

参加奥运会甚至拿金牌，是每个运动员一生的最大理想。为了圆一次奥运梦，运动员不仅要与不同的对手较量，还要随时准备应付伤病、内部竞争、赛场意外等多种因素的困扰。孙福明奋斗了 12 年，参加了两届奥运会，获得一次奥运会冠军，尝尽了赛场人生的风风雨雨。

孙福明

孙福明最初是练投掷项目的田径运动员，半路出家改行练起了柔道，可是由于爆发力不足，她在柔道队里并不出众。但孙福明也有自己的优势，她特别能吃苦，凭借这股韧劲，她首次参加 1996 年奥运会就获得冠军。

奥运会夺得冠军，孙福明成为公众人物。但她依旧按部就班地参加训练，她想拼到 2000 年的悉尼奥运会。天有不测风云，右腿的伤病拖住了她再次进军奥运会的脚步。为此她背地里哭过很多次。但是，朴实的她从不在表面露出来，当教练让她做袁华的陪练时，她乐呵呵地当起了"沙袋"。训练中，这位上届奥运会冠军一如既往地认真，尽好"高级陪练"的责任。袁华终于站在奥运领奖台上，而孙福明也露出噙着泪花的笑容。

十二年磨一剑，不屈不挠的孙福明终于争取到了参加雅典奥运会的资格。遗憾的是，她在这次"告别演出"时只收获了一枚铜牌。孙福明说："虽然当时我是年龄最大的柔道选手，但我的技术与经验还是有绝对的优势。没能拿金牌，主要还是心理压力过重，在关键的比赛中考虑得太多，就在我想赢怕输的内心犹豫之间，被对手钻了空子。"

女子 78 公斤以上级预赛
孙福明让对手折腰

12 年的风风雨雨让她学会了平淡面对人生："现在是我为年轻选手让出位置的时候了。"

退役后，孙福明当上辽宁女子柔道队的领队，终于从台前退到了幕后。孙福明说："我非常感谢学院和柔道队的领导，他们都非常支持我积极参加公益活动。我退役时间不长，既能代表运动员，又能代表体育管理人员，而且这些活动都与奥运会密切相关，让我在发挥余热的同时，还能提高在社会上的交往能力。我希望利用自己作为奥运会冠军的影响力，吸引更多的人了解奥运、参与奥运。"

2004 年，孙福明曾经担任雅典奥运会火炬手，完成在北京的火炬传递活动。"当时传递之前，我就被通知跑步一定要注意控制节奏，与护跑手之间还要配合好，步调一致。但真正跑起来以后，我几乎把这些全忘了，工作人员不时地提醒我'慢跑'，而且保持好跑步姿势。可是当时那么多人在看着你，身边还有许多人簇拥着你，我的内心实在是太激动了！那种感觉太美妙了。"

那柄雅典奥运会火炬已经被孙福明珍藏在家中，但她表示自己更喜欢北京奥运会的火炬"祥云"。"奥运会就是倡导人人参与，只要参与了，就会感受到其中的快乐和神圣。这一次，我要通过报名的方式再当一回火炬手。"

离开了柔道赛场，孙福明发现自己与奥运会依然情缘难了。

杨秀丽

杨秀丽，奥运冠军，中国女子柔道队运动员，在 2008 年北京奥运会上勇夺女子柔道 78 公斤级冠军。1997 年之前从事过铅球训练，后在阜新市体校训练柔道，当时教练是张永江；她被选入市体校正式开练柔道，1998 年年初，她转入省体校，来到了沈阳，教练就是中国的"柔道教父"刘永福。刘永福对这名得意弟子相当看好，一向低调的他甚至夸下海口说："如果奥运会至少保证 1 枚金牌，那就是杨秀丽了。"

杨秀丽

2008 年北京奥运会女子柔道 78 公斤级决赛中，中国选手杨秀丽在加时赛中击败古巴选手卡斯蒂略，夺得金牌。这也是中国柔道队在本届奥运会上所获得的第二枚金牌。这是中国代表团在本届奥运会上获得的第 22 枚金牌。

柔道人生——杨秀丽

辽宁女子柔道队又走出一位金牌选手。阜新姑娘杨秀丽，继李忠云、庄晓岩、孙福明、袁华之后，延续着辽宁女子柔道的强势。她在2008年奥运会78公斤级比赛中战胜了强大的古巴选手，为中国军团夺得第22金，这同时也是辽宁军团的第一金。十几年前，她是一个在县运动会上为得到一瓶洗面奶而欣喜的女孩，那时她还尚不知柔道为何物。从洗面奶到"金镶玉"，杨秀丽走了12年。这样一个轮回里，是一段不平凡的征途。

杨秀丽出生在阜新农村，小时候的她长得壮壮的，与同龄的小朋友相比是一个大块头，乡亲们都羡慕杨家将来能有一个干农活的好手。

小学6年级时，学校选拔运动员代表乡里参加阜新蒙古族自治县一年一度的运动会，老师看杨秀丽长得又高又壮，就安排她掷铅球。可是在那之前，杨秀丽从来都没碰过铅球。到了赛场，乡里的老师临时教她比划了几下子，杨秀丽就上阵了，结果这个"现学现卖"的女孩子获得了全县铅球项目的第一名。转年，杨秀丽上了初中，初中的体育老师们对前一年县运动会上的铅球冠军印象都很深，所以这一次参加铅球比赛的重任又落在杨秀丽身上。就是在那次运动会上，成功"卫冕"的杨秀丽进入了阜新市体校教柔道教练的视线。

面对市体校的邀约，杨秀丽显得很迷惑，因为她之前对教练所说的"柔道"还闻所未闻。教练只好向她解释说，柔道有点像摔跤。听到这儿，杨秀丽动心了，摔跤？那可是她最擅长的，平时她总和同村的孩子们在一起摔摔打打，那些男孩子哪个不怕她！掷铅球都能拿冠军，要是摔打起来自己更不在话下。于是，"柔道"这个陌生的词汇在年少的杨秀丽心里扎下了根。

回到家后，杨秀丽静静地等待着市体校的"调令"，可是望眼欲穿也没等到，小小的杨秀丽坐不住了，她得要个"说法"。那是杨秀丽第一次独自一人离开生活的小乡村，来到阜新市，在城市人来人往的街头，杨秀丽有些茫然。一路打听一路找，走了不少冤枉路，终于到了市体校，见到了在县运动会上相中她的教练。"你怎么才来啊？我们的调令早就发给你们学校了！"教练的问询中带着一些责备。

杨秀丽这才恍然大悟，原来是学校把调令"扣"下了。回到乡中学，她面对的是挽留。老师的话很实在，像杨秀丽这样的学生，学习成绩排在前五名，又有着县运动会冠军的荣誉，将来是有资格保送到县重点高中的。这对一个初中生来讲是多么大的诱惑啊！可是，思来想去，"柔道"二字仍然在她脑海里挥之不去。回到家，她平静地让妈妈帮她收拾了行李，到市体校报到，那是 1997 年的秋天，她14 岁。

也许杨秀丽天生是为榻榻米而生的，她很快在柔道项目上显示出过人的天分，不过，杨秀丽只在阜新市体校练了一个月，就开始"不安分"了。当听说冠军教练刘永福开设了"辽宁省柔道训练基地"，杨秀丽做出了新的选择。在训练基地里，杨秀丽刻苦训练的劲头打动了刘永福，很快将她调进了省队。从为了柔道从课堂"出走"，到进入辽宁女子柔道队，杨秀丽只用了半年时间。

1996 年孙福明夺得奥运冠军时，杨秀丽还不知道"柔道"会跟自己有什么关系，但她记得当时妈妈指着电视机说过一句，"看人家，都拿奥运冠军了。"结果不到两年，杨秀丽就成了孙福明的队友、师妹。2000 年，另一位队友袁华也拿到了奥运冠军，那天，杨秀丽和队友一起在省体院大院里放烟花鞭炮为师姐庆祝，她悄悄地想，"什么时候，这样的绚丽是因我而来。"

又一个奥运周期，杨秀丽仍然没能得到机会，因为那几年里，她的成绩一直不瘟不火。雅典奥运会即将到来的日子里，她的身份是辽宁女子柔道队员秦东亚的陪练。日复一日，她陪着秦东亚在榻榻米上挥汗如雨地摔打，队友即将去雅典，而自己与奥运却似乎有着不可触及的距离……

结果，辽宁女柔队员并没有从雅典带回金牌，那也是自从女子柔道项目进入奥运会后，辽宁女子柔道队员第一次与金牌无缘。巨大的遗憾和失落之后，"柔道教父"刘永福下定决心，要在北京奥运会上把金牌夺回来。而杨秀丽正是在最合适的时候脱颖而出，她基本包揽了2005年所有国内比赛的第一名，让中国女子柔道78公斤级进入了属于她的时代。刘永福选择杨秀丽去冲击北京奥运会的金牌，是再自然不过的事情。

尽管这一路看似走得顺风顺水，但杨秀丽也经历过年轻的烦恼。刚到省队时，杨秀丽没少被刘永福批评，给她印象最深的，是刘永福在观看她训练时的一次"讽刺"，当时刘永福对一旁的袁华大声说："你说说，像杨秀丽她们这么练，得什么时候能练出来？"袁华想了想说："得十运会的时候吧。""十运会？我看得十二运会！"刘永福说。杨秀丽很认真地听着师傅和师姐的对话，但当她掐着手指一算，才发现，十二运会是2013年，而当时才1998年，师傅这明显是在说她练得不好、不成材啊！这一刻，杨秀丽的心里特别不是滋味。还有一次，刘永福看

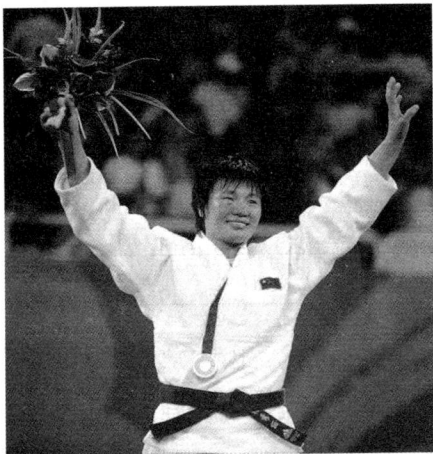

杨秀丽获奖照片

她训练时动作放不开，就让她和自己摔，杨秀丽不敢。刘永福急了，说："就你这点胆量怎么去冲奥运会！我给你两条路选择，要么把我摔倒，咱们一起拿奥运冠军，要么就赶紧回宿舍收拾东西回家。"结果杨秀丽上去一下就把刘永福摔倒了。

这些小插曲还不是杨秀丽最艰难的阶段。她经历的最大考验是备战奥运的日子里超高强度的

训练。有一段时间，杨秀丽不理解，为什么同样是国家队的队员，别人练完了，她却还要接着练。在当时几个月的训练中，每天陪伴杨秀丽训练的是她的泪水，"每天都哭，每节课都哭，不知道因为什么，眼泪就是不由自主地往下掉。"杨秀丽说，她最怕听到教练说还有几套动作要练、还剩多长时间，一听到这话就止不住地哭。而夺冠后杨秀丽笑了，笑得那么灿烂。没有曾经的泪水，就不会有如此明媚的笑容。

袁华

袁华长相秀气，却在赛场上霸气十足，以速度快，技术好著称，1999 年世界大学生运动会获女子 78 公斤以上级和无差别级冠军。2000年第二十七届悉尼奥运会获女子 78 公斤以上级冠军。

心有"静气"

袁华像她的名字一样纯朴无华，也正因为这样她才用努力与刻苦让自己的双脚踩在了榻榻米上，并成就了自己追求的事业，也正因为这样，那个曾梳着翘尾巴小辫子，喜欢嬉戏在太子河边的小姑娘，那个曾喜欢和小男孩做玩伴，但又常常会因某一件小小的事拌嘴

袁华夺冠

而把一个个小玩伴摔于脚下，然后露出胜利笑容的小姑娘，她为自己所取得的"胜利"高兴，因为她赢了。

最初纯粹是出于好奇而走上柔道之路的袁华，开始并没有得到父母的支持。父母觉得，一个女孩子，整天跟人"打架"，有些不可思议。刚开始训练时，她也觉得很苦，但练着练着，就逐渐产生了兴趣，随着不断取得好成绩，再加上"干一行，爱一行"的朴素想法，她就越发感到"苦中有乐"了。

袁华出道较晚。15 岁时她在老家辽宁省辽阳市业余体校开始柔道训练，1989 年进入辽宁省队。1992 年她首次代表中国参加世界青年锦标赛就夺得了冠军，1996 年进入国家队后又夺得了次年的全国八运会冠军和世界锦标赛的第三名。在世界最高水平的日本福冈世界 A 级系列赛上，她曾经在 1996 至 1998 年连续三届夺得冠军。

从 15 岁时与柔道结下不解之缘起，袁华已经在榻榻米上摸爬滚打了 13 年。风雨 13 载，一枚枚奖牌是袁华从事柔道运动的最好注脚。袁华两度折桂成为柔道"双冠皇后"。

2000 年奥运会，是袁华职业生涯的鼎盛时期。人们一下子记住了这个长相秀气，却在赛场上霸气十足的女孩。在身体上明显吃亏的袁华以她速度快，技术好的特点，奠定了自己在柔坛的霸主地位。那两年，她在国内外赛场上根本没有对手，参加大赛几乎从不空手而归，成为名副其实的"超级大满贯"。

袁华是中国柔道界第一个获得奥运会、世锦赛和大运会三个冠军、实现"大满贯"的选手。她是 1999 年西班牙大运会 78 公斤以上级和无差别级的双料冠军，是 2000 年悉尼奥运会 78 公斤以上级的冠军，在慕尼黑世锦赛上，她又获得了 78 公斤以上级的金牌，是目前这个级别上无可争议的第一高手。

在半决赛中被袁华淘汰的乌克兰选手玛丽赛后承认，无论是技术上，还是速度上，袁华都比她强很多，通过与袁华的比赛，她学到了很多东西。

然而，就在周围的人都以为袁华肯定会在未来的几年里继续称霸柔坛时，绝佳状态下的她却远离了赛场。回忆起当年，袁华感慨地说："真的没想到，九运会竟然成为我的告别赛。"

这样一个女力士，平日里却很喜爱书法。空闲之余，苦练蝇头小楷。她说，练书法不但能调节心气，使自己在训练之后静下心来，还可以从书法的运笔和起承转合中体会到中国式摔跤的技法和柔道的技巧。她的教练刘永福则说，对一个高水平柔道选手而言，"静气"二字是很高的境界。

袁华在赛场上

唐琳

2000 年悉尼奥运会上，唐琳获得女子柔道 78 公斤级金牌，悉尼奥运会之前曾因伤病一度萌生退役念头，但最终选择了坚持，并成为奥运会冠军。

以陪练起家

唐琳从小就练习柔道，1990 年省柔道队选中了她，唐琳从此开始了艰辛的运动员生涯。经过几年的苦练，在 1995 年全国柔道锦标赛上，唐琳第一次夺取了全国冠军，并在同年迈进了国家队的大门。

在取得了奥运参赛资格后，唐琳深知自己在老对手日本的阿武面前并没有绝对优势可言，但她决心要为奥运冠军这一最高荣誉奋力一搏。

唐琳是四川内江的一名老运动员，练柔道已经有十几年的历史，1993 年，15 岁的唐琳以陪练身份进入中国柔道国家队。柔道陪练就是一个被摔的角色，其他陪练总是尽量避免被摔，而唐琳觉得这是对自己最好的训练，"和这些国手过招、被摔，我是最划算的，我是在向优秀的人学习，所以我进步最快。"抱着这样的心态，唐琳从被别人摔到摔别人，再到打成平手。三年以后，她成为国家队正式队员。

曾经的陪练唐琳

2000 年悉尼奥运会前，唐琳已成队里的主力，有望参加奥运会。就在这时，唐琳训练中积累的伤痛日益严重。"没有哪一天晚上睡觉身上是不疼的"，唐琳回忆道。祸不单行的是，唐琳腰椎间盘突出很厉害，医生认为她继续练柔道"可能够呛"。最困难的时候，唐琳连洗脸、穿鞋、穿袜子这些基本的自理都没法完成，更不用说正常训练了。

国家队考虑其他运动员顶替唐琳出征悉尼奥运会。说到当时的感觉，唐琳说："好像晴天霹雳。我觉得很委屈，有时候就哭。那时候两个人一个房间，哭也不敢让同房间的人知道，只能捂着被子哭，默默掉眼泪，第二天早上起来装作没事一样训练。"

几乎所有人都认为唐琳不可能参加奥运会了，除了唐琳自己。"我必须要走到奥运会上去，没有退路。"距离悉尼奥运会不到 20 天，唐琳终于搭上了末班车。谁也没有人想到唐琳会拿金牌，大家觉得她进前八名或者前五名就不错了。令人意外的是，唐琳一路杀进决赛，决赛对手是参加过四届奥运会的法国老将赛琳。

决赛上场不到半分钟，唐琳就被对手摔倒，丢掉两分。"在那一刹那，我闪一个念头，我是不是只能拿个第二名就回家了？我是不是就是与冠军无缘？"悲观的念头几秒钟闪过，唐琳立刻否定自己："不行，比赛刚刚开始，只要比赛结束的哨声没有吹响，你就还有机会。"

在唐琳的凌厉进攻下，对手因为消极被罚掉一分，2比1，唐琳追回一分。"我使尽浑身解数一直进攻对方，对方又被罚了消极，这样我们分就平了。"28秒的时间，双方都没有再得分，2比2的比分一直持续到比赛结束。

根据柔道比赛的规则，当双方比分为平分时，裁判根据主动进攻次数和场上气势，判定获胜一方。唐琳凭借自己在比赛中的积极主动获得了金牌。

领奖那一刻，当颁奖嘉宾把奖牌挂在唐琳脖子上时，她像被电击了一样。"之前所有的辛酸、委屈、伤病、想起来就痛苦的事情，真像放电影一样，一幕幕在眼前闪过。"唐琳再也忍不住眼泪。

为做裁判苦练英语。现在，唐琳是四川省体育局工作人员，同时还担任"2008北京奥运会女子柔道国内技术官"。奥运会裁判分国际技术官员和国内技术官员两种：国际技术官员由国际单项组织确定，国内技术官员由本国协会选拔人选，主要在奥运会中做竞赛辅助工作。后者的工作主要是为了配合前者的工作，"都是些很细的活，从运动员入场、服装是否符合要求，到计分，一直到比赛结束，保证正常比赛顺利完成。"唐琳介绍道。

这个工作是唐琳一直以来的心愿。"柔道是我生命中的一部分，是不可分割的。不做运动员后，还能以什么方式在这个圈子里存在？裁判是很好的角色转换。"

但做裁判比当运动员复杂得多，"运动员只需要了解自己，了解对手。而裁判要掌控全局，需要有很好的心理素质，对项目也要有充分了解。"除此以外，唐琳最担心的就是英语，她用"很糟糕"来形容自己的英语基础。

2000 年 9 月 21 日，唐琳（左）获第 27 届
悉尼奥运会柔道女子 78 公斤级金牌。

"有一次做裁判，有个人跑来问我'What's your name？'我居然没有听懂，也可能是当时太紧张了。"说起这个段子，唐琳至今都觉得不可思议。

英语能力是北京奥组委对国内技术官员最担心的一个问题。奥组委专门邀请英孚教育作为奥运会语言培训供应商，唐琳也成了其中一名学员。

课程持续了十周，学员的英语都不好，一圈人围在一起轮流自我介绍，每个人都很紧张。唐琳很要面子，奥运冠军的光环一直围绕着她，她怕在同学面前丢脸，怕自己的英语水平落后，但她性格中四川人泼辣大胆的特点帮助了她。唐琳的英语老师里奇第一次见到她的时候，她的英语发音、语法和句子结构都有很大问题。可是她敢说又不怕出错，最终成了这一期学员中进步最快的一个。

"唐琳是一个典型的中国女性，她的外表像鲜花一样柔美，而内心却很强大，我想这就是一个奥运冠军的特点，也是她在我的课堂上表现出来的。"里奇曾由衷地评价道。

佟文

2011 年 10 月 30 日，在俄罗斯的秋明市举行的世界柔道无差别级锦标赛决赛中，佟文仅用 46 秒便战胜俄罗斯人东古扎什维利，轻松卫冕。

这是佟文第七个世界冠军头衔，也是其复出后收获的第二个冠军。之前世锦赛获五连冠。2008 年，佟文在法国勒瓦卢瓦市举行的首届世界无差别级柔道锦标赛中夺得冠军。

赛场完美表现的佟文

佟文在本次比赛中发挥十分出色，其中在半决赛中，她以一本击败了去年世锦赛冠军、日本名将杉本美香。决赛中，面对 2004 年雅典奥运会铜牌得主、老将东古扎什维利，佟文愈发势不可挡，仅用 46 秒便再次以一本获胜。

赛后，佟文用"完美"来形容自己在比赛中的表现。"每场都打得非常尽力，也非常的完美。"佟文如是说。主教练吴卫凤同样满意佟文的发挥："这次比赛她打得十分顺利，其实也没有什么秘诀，这就是平时苦练的结果。佟文现在不仅能利用身体素质的优势，技战术也更炉火纯青了。"

2008 全国女子柔道锦标赛最后一日，窦书梅、杨秀丽和佟文分别夺得 70 公斤级、78 公斤级和 78 公斤以上

佟文

级冠军。至此本届全锦赛的比赛全部结束，78 公斤以上级和无差别级两金被佟文收入囊中。在中国队的训练中，佟文的陪练几乎是清一色的男选手，2003 年佟文第一次参加世锦赛，五场比赛都是以一本战胜对手。但是就在备战雅典奥运会的时候佟文却遭遇了一次严重的打击，半月板的严重伤势让她不得不接受手术，手术后佟文保留了一块从腿部取下的碎片，这也成为了佟文无缘奥运的见证。

十个月后佟文重回训练场，在教练和队友的帮助下埋头苦练，此后两次获得世锦赛的冠军，世锦赛、世界杯、亚运会，现在的佟文只缺少一枚奥运会的金牌。根据规定奥运会时每个国家在每个项目上只能派一名选手参赛，佟文与刘欢缘、袁华三人一起竞争 78 公斤以上级的奥运会参赛权。

从 1992 年开始，中国队在连续三届奥运会上都获得了这一级别的冠军，但是 2004 年雅典奥运会上老将孙

佟文在女子柔道 78 公斤级的比赛中

福明只获得了铜牌，冠军被日本选手冢田夺得。2008 年北京奥运会上佟文在女子柔道 78 公斤以上级别比赛项目中谱写中国柔道新篇章，成功拿下该项目的冠军，为中国体育代表团夺取第 24 枚金牌。

袁艳萍

袁艳萍为国家柔道队运动员，进行女子 70 公斤以上级比赛，1976 年 4 月 4 日出生于辽宁省大连市普通工人家庭，后来到了北京。她有两

个姐姐，由于家族遗传，袁家三姐妹的视力都很低，袁艳萍又是三个姐妹中视力最差的，小时候袁艳萍就一直戴着眼镜。袁艳萍比别的孩子长得身高体壮。

1990年，袁艳萍经学校老师推荐，进入大连市业余体校从事柔道训练，同年5月参加了大连市运动会，取得了第三名。1994年她被选进国家柔道集训队。1996年袁艳萍前往越南参加第二届柔道邀请赛，取得了她人生中的第一个国际比赛冠军。另有上海市闵行区教育系统三八红旗手。

袁艳萍

一颗进取心

袁艳萍有一颗不甘的心，无论面对生活，还是迎接比赛，她都始终保持着高昂而乐观的态度。1998年6月备战亚运会期间，袁艳萍不慎受伤，左踝关节内侧韧带撕裂，左腓骨粉碎性骨折。教练劝她静养，但袁艳萍不听，手术后的袁艳萍说什么也要继续训练。由于当时还没有完全康复，她的左腓骨处出现了约两厘米的一个缺口，剧烈的疼痛常使袁艳萍无法入睡，甚至有段时间她都无法正常走路。后来袁艳萍不得不接受了第二次手术，直到今天，袁艳萍的体内仍保留着用来固定的一块钢板和六颗螺丝钉。可她即便是在手术期间，依然没有放弃训练，拿着这块沉甸甸的北京残奥会金牌，个中的甘苦只有她自己掂得出分量。

2003年袁艳萍接到国家发给她的有关"退役运动员免试进入北京第二外国语学院英语系英语专业（本科）"学习的通知，她激动万分。她非常珍惜这次来之不易的学习机会，从此袁艳萍奔波于比赛和学习之间。

刚开学，袁艳萍为了学习、训练两不误，付出了比常人更大的努力。当时她星期一到星期五在学校学习，星期五下午就要背上训练用具，换乘两趟车去训练场地，星期天的下午再返回学校。为此袁艳萍没了休息日，在学校完不成的作业，她就带到队里去接着做。有一次，为了能不耽误周六和周日的训练，袁艳萍在星期五归队后，继续写没有完成的英语作文，直到深夜。

由于袁艳萍此前基础比较差，学习起来很吃力，而且最大的困难还是低视力。2004年年底袁艳萍的视力直线下降，已经到了几乎什么也看不到的地步。袁艳萍要想读书，只能靠类似于放大镜的一种阅读器具，一次只能从屏幕上看见两三个字，要看完一篇文章就要不断地移动阅读器，很多时候都会漏行。

可越是这样困难，她就越是跟自己较劲，进取之心非常强。她说："学习就是一种比赛，以前只要把对手打败就是胜利，现在要战胜的是自己，我一定不能输！"靠着这种顽强的意志，袁艳萍在每个学期的综合测评中都名列前茅，每个学期都能获得奖学金，还顺利地通过了国家英语四级考试，这简直就是一个奇迹！

视力下降的袁艳萍，后来无法再回到原来的柔道队，一次她在翻阅体育专业知识的书籍时，偶尔发现自己的视力达到了盲人柔道比赛的分级标准。2005年，她被朝阳区残联推荐到国家盲人柔道队进行恢复性训练。

经过一年的艰苦训练，袁艳萍于2006年7月在法国布鲁梅特举行的世界盲人柔道锦标赛上，以绝对的优势夺取了女子78公斤以上级金牌。随后，袁艳萍在2006年第九届远南运动会上夺取了女子70公斤以上级冠军。

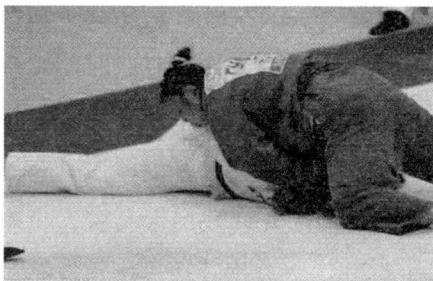

**袁艳萍在盲人女子70公斤级的
比赛中压制对手**

2006年8月，袁艳萍和班里的其他八名同学一起到奥组委进行为期一个月的实习。她利用自己的特长，积极配合本项目竞赛主任的工作。袁艳萍务实的工作作风、踏实肯干的工作态度给大家留下了深刻印象。在奥组委实习期间，袁艳萍还应北京市朝阳区酒仙桥街道的邀请，为该社区的残疾人朋友举办了主题报告会。袁艳萍以自己的奋斗历程，鼓励那些残障人士自强自立，走出自闭的生活状态，勇敢面对现实的生活。

2008年9月9日晚上在工人体育馆举行的北京残奥会盲人柔道女子70公斤以上级的比赛中，中国选手袁艳萍在决赛1分10秒时以一个一本战胜了巴西选手德安娜·席尔瓦，获得冠军。

9月1日是伦敦残奥会盲人柔道的最后一个比赛日，共进行了男、女5个级别的比赛，中国女子选手周倩、袁艳萍分别参加了70公斤级和70公斤以上级的比赛，袁艳萍和王嵩在预赛和半决赛中一路过关斩将顺利挺进决赛。在决赛中，袁艳萍的对手是土耳其选手阿肯·纳赞，袁艳萍气势如虹，仅用5秒钟就以"一本"战胜对手获得了冠军。

王云峰

在2004年雅典残奥会上，王云峰为中国体育代表团获得了盲人柔道项目的首枚残奥会金牌，实现了历史性的突破。先后荣获"山西省五一劳动奖章"、"中国青年五四杰出贡献奖章"、"全国五一劳动奖章"，并被中国残联和国家体育总局授予"优秀运动员"的称号。

终成正果

"老婆，我赢了，我拿第一

王云峰

名了！"

盲人柔道选手王云峰在雅典残奥会73公斤级比赛中夺冠后，他做的第一件事就是借了一部手机向山西忻州的家里报告这个好消息。

王云峰在电话中激动地说："告诉爸妈、告诉儿子、告诉二姨，我拿冠军了，可惜电视不转播，你们看不到。"当记者正想采访他时，他却迅速抓起背包向更衣室跑去，准备穿上领奖的服装。也许，对于这一刻，他已经期盼得太久太久。

王云峰出生于山西忻州，由于视力残疾，他一边读书，一边从事体育训练，但一直没有什么成果。在家人和朋友的劝说下，王云峰最初选择了放弃。从1995年到1997年，整整两年多的时间里他一直在乡办企业里打工，靠微薄的收入养家糊口。1997年对王云峰来说，是具有特殊意义的年份。这一年，他可爱的小儿子降临人世。也就是在这一年，他开始练习柔道，重新踏上了残疾人竞技体育的征程。但是，在此后7年时间里，王云峰却一直没有取得突出的成绩，无论是在盲人

王云峰在比赛中

柔道世界锦标赛还是加拿大盲人运动会上他都没有取得奖牌。

王云峰的教练张贵富说，王云峰是一个实力型选手，不是比赛型运动员。他在训练中的水平很高，但是因为在比赛中存在心理问题，一到大赛就紧张，越紧张越是发挥失常。

在本届残奥会柔道比赛中，张贵富反复对他讲，让他把比赛当成一堂训练课。为了减轻他的心理压力，教练为他设的目标是夺取一枚奖牌。不料，他在比赛中越战越勇，直到登上最高的领奖台。

郭华平

郭华平，2001 年左右即进入江西省盲人柔道集训队，正式参加比赛。随即显示了其在女子盲人柔道 48 公斤级项目上具备的出众实力。

郭华平不负众望，在 2003 年的第六届全国残运会上即夺下个人职业生涯首金。自 2004 年在雅典残运会上获得第五名后，郭华平在国内外多项赛事中顺利夺魁。其中包括 2006 年马来西亚远南残运会，2007 年欧洲锦标赛以及第七届全国残运会。

郭华平

拥有超强战术的郭华平

北京 2008 年残奥会盲人柔道女子 48 公斤级金牌得主郭华平是一位容易紧张的姑娘。当年，22 岁的郭华平第一次参加残奥会，因为紧张，没能发挥出自己的水平，最终获得了第五名。

转眼之间到了 2008 年，残奥会在北京举行，郭华平还是很紧张。

"我非常紧张，（赛前）不敢给爸妈打电话，怕拿不了（奖牌），"郭华平在赛后的新闻发布会上说，"直到现在我还没有给他们打电话。"

因为紧张，再加上赛前状态不太好，郭华平的目标一直是进入前三名，结果没想到一路过关斩将，最终拿了金牌。在决赛中，当裁判判定郭华平以一本获胜的时候，全盲的她没有马上反应过来。直到教练开始欢呼，她才意识到自己创造了奇迹，开始又蹦又跳，并且洒下了热泪。

"我完全看不见，而对手能看见一些，所以觉得非常辛苦，不过这些都是值得的。"郭华平不善言辞，她的话都很实在。

郭华平的教练柴玉林告诉记者，她在平常的训练中付出了常人难以想象的努力。因为完全看不见，她在训练中有时一下摔不好就撞到墙上，还有时候头会撞到别人身上。但是，郭华平的特点就是拼劲足，不把对手撂倒绝不撒手，有股子狠劲。

赛后经过混合区，郭华平还以为父母不知道自己成了残奥会冠军的消息。她的

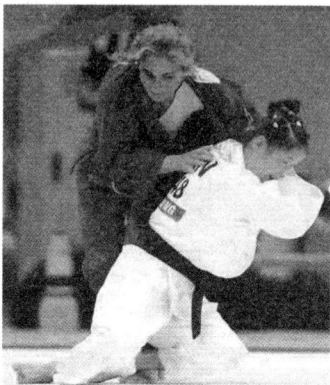

郭华平在盲人女子柔道
48公斤级比赛中

老家在江西农村，在那里看不见"有线"的电视台。其实，当地的残联已经把她的父母接到可以看到北京残奥会电视转播的地方，只不过教练直到赛后才敢把这个消息告诉她，生怕她更紧张。

在决赛中，现场的观众注意到了一个有趣的细节：只要郭华平和对手开始比赛，两人就一个劲地往场边靠，而且总是一个方向。赛后，郭华平透露，这是自己的战术，因为她习惯用左手完成主要的技术动作，所以尽量把对手往左拖。

"今天我主要赢在战术方面，在战术方面比较果断。"郭华平说。

在第二次参加残奥会之后，郭华平对于将来的发展还没有明确的想法。她说："现在我要好好休息，然后再为将来作打算。"

王丽静

王丽静，天津人，现为中国盲人柔道队队员。曾获得世界盲人运动会57公斤级冠军；北京残奥会盲人柔道女子57公斤级冠军。广州亚残

会的冠军。

十年艰辛收获多

王丽静 6 岁时因为一次意外不幸致盲。当时家住天津宁河县后棘坨乡东淮沽村的她，在一天下午打算割一段麻绳玩跳皮筋，但一不小心被刀锋划破了左眼。两三天后，小丽静的眼睛疼痛难忍，家人把她送到眼科医院的时候，她的左眼晶体已经流出，且感染了右眼。半年后，王丽静左眼彻底丧失了视力，右眼仅剩微弱的残存视力，如今右眼的视力仅有 0.3。

王丽静

六岁的王丽静就这样生活在了黑暗里。然而，失明并没能阻挡她对生活的热爱，8 岁起她迷恋上盲人门球运动，并且实力不俗。后来，王丽静改练柔道，她个子不高，身体条件并不占优势，但她靠着刻苦的训练、顽强的意志品质和全面的技术动作，从一大批运动员中脱颖而出入选国家队，现在已经成为中国盲人柔道的顶尖高手，并且被认为具备了在世界大赛上摘金夺银的实力。

2000 年，王丽静进入了天津市视障学校，读完了初中后，现已在该校职业高中继续读书。2002 年，已经练习门球两年的王丽静被天津体院的教练陈桂岭发现，开始练习柔道。意志品质坚强、性格沉稳的王丽静进步神速，第二年代表天津参加全国残运会便获得了亚军，并因此被国家队相中，在当年的世界盲人运动会上获得了第五名。由于当时年纪小，技术尚不稳定成熟，2004 年没能入选雅典残奥会的阵容。

卧薪尝胆的王丽静此后训练更加刻苦，除了性格优势继续保持外，在技术上更加成熟，形成了技术全面、敢打敢拼的风格，几名国家队教练一致认为，王丽静将是中国盲人柔道的领军人物。在 2005 年的美国

青少年残疾人柔道锦标赛上，王丽静获得了冠军，次年获得法国世界残疾人柔道锦标赛亚军，2007 年，王丽静更是将远南残疾人运动会、巴西世界盲人运动会和全国残运会的冠军揽入怀中。

谈到练习柔道的经历，王丽静表示，虽然天天摔摔打打吃了不少苦，但每次想到教练、老师和父母对自己的期望，自己感到什么苦都可以克服。在教练和老师们的眼里，王丽静是个懂事、好强的孩子。学校教务主任郭歌说："她是个特别能吃苦的孩子。我曾经到北京

王丽静在比赛中

去看过她的训练，都是和男孩子一起摔，硬硬地愣往垫子上摔。但她又是个特别乐观开朗的孩子，你什么时候看见她，她都是笑着和你打招呼。"

辛勤汗水换得苦尽甘来，北京 2008 年残奥会，王丽静不负众望，如愿以偿地站在了冠军领奖台，为祖国、为天津争得了荣誉，用闪亮的金牌回报了所有关爱她的人。

刘立

一个先天双目残疾的女孩，8 岁丧母，9 岁丧父，2010 年，练习柔道仅一年的她获得了湖南省第八届残运会柔道 48 公斤级冠军。

女孩叫刘立，喜欢柔道，爱吃东西，喜欢和同学在一起，梦想是可以中 500 万和拿残奥会柔道冠军。

人小志气大的刘立

小刘立，短短的头发，圆圆的脸蛋，穿着校服的她看上去像个假小子，听见老师的叫声，很快应声走了出来。说起为什么练习柔道，刘立的回答很干脆，"喜欢，而且不会被人欺负。"

盲人孤儿刘立

1998 年 10 月 13 日，刘立出生于长沙市岳麓区雨敞坪镇西湖村一个普通的家庭，刘立父母两人视力都很正常。相较于其他盲人孩子来说，刘立还算幸运，她属于盲人低视力，可以看见较近距离的东西。

2009 年刘立开始在长沙市特殊教育学校练习柔道，加入盲人柔道队。一年后，12 岁的她就获得了湖南省第八届残运会柔道 48 公斤级冠军。说起自己获得的奖励，"那是踩到了狗屎。"说完趴在桌子上面哈哈大笑起来。

"这个孩子训练很刻苦，很认真。"教练李跃华说，盲人孩子在练习的时候比常人更加认真，"他们没有太多的心思。"

2006 年，刘立的妈妈去世，一年后，刘立的爸爸也去世了。班主任皮彩红说刘立很少说起爸爸妈妈，但是刘立还是想他们的，"有一堂课的内容是回忆妈妈，她就说'老师别上这课，我都要哭了'。"

刘立有一个愿望，"希望中 500 万。有了 500 万，可以给奶奶买房子，再买车子。"随后她又补充："拿几个残奥会冠军也行，哎呀，真是白日做梦。"说着趴在桌上大笑起来。

对于未来，刘立想法很简单，学习按摩技术，并且继续学习柔道，她没有太多的打算，"想那么多干吗，先把现在过好。"

PART 12 历史档案

2008 年夏季残奥会柔道比赛
奖牌得主（男、女）

项目	金牌	银牌	铜牌
男子			
60 公斤级	穆卢德·努拉（阿尔及利亚）	赛义德·拉赫马提（伊朗）	拉明·易卜拉希莫夫（阿塞拜疆） 李小东（中国）
66 公斤级	西达利·拉姆里（阿尔及利亚）	藤元敏（日本）	亚尼·卡伦基（芬兰） 维克托·桑切斯（古巴）
73 公斤级	爱德华多·阿维拉（墨西哥）	徐志林（中国）	法维安·拉米雷斯（阿根廷） 谢尔盖·瑟多连科（乌克兰）
81 公斤级	伊绍·克鲁斯（古巴）	西里尔·若纳尔（法国）	豪尔赫·伦西纳（阿根廷） 雷纳尔多·卡瓦略（委内瑞拉）
90.5 公斤级	奥列格·克列楚尔（俄罗斯）	托菲格·马马多夫（阿塞拜疆）	奥利维耶·屈尼翁·德塞夫里古（法国） 塞缪尔·英格拉姆（英国）

项目	金牌	银牌	铜牌
男子			
100 公斤级	安东尼奥·特诺里奥·席尔瓦（巴西）	卡里姆·萨尔达罗夫（阿塞拜疆）	胡安·卡洛斯·科尔塔达（古巴） 尼古拉·利维茨基（乌克兰）
100 公斤以上级	伊尔哈姆·扎基耶夫（阿塞拜疆）	王嵩（中国）	朱利安·托里纳（法国） 格雷格·德沃尔（美国）
女子			
48 公斤级	郭华平（中国）	卡拉·卡多佐（巴西）	维多利亚·波塔波娃（俄罗斯） 卡门·布鲁西格（德国）
52 公斤级	崔娜（中国）	桑德里娜·奥里埃－马蒂内（法国）	阿列西娅·斯捷潘纽克（俄罗斯） 米歇尔·费雷拉（巴西）
57 公斤级	王丽静（中国）	拉莫娜·布鲁西格（德国）	达妮埃尔·席尔瓦（巴西） 玛丽亚·莫妮卡·梅伦西亚诺（西班牙）
63 公斤级	娜奥米·索阿索（委内瑞拉）	玛尔塔·阿尔塞（西班牙）	安热莉克·凯桑迪耶（法国） 马季娜·卡扎科娃（俄罗斯）
70 公斤级	玛丽亚·德尔卡门·埃雷拉（西班牙）	莱尼娅·鲁瓦尔卡瓦（墨西哥）	塔季扬娜·萨沃斯季亚诺娃（俄罗斯） 桑妮克·费尔默伦（荷兰）
70 公斤以上级	袁艳萍（中国）	德安娜·席尔瓦（巴西）	伊琳娜·卡利亚诺娃（俄罗斯） 祖比达·布阿祖格（阿尔及利亚）

2012 年夏季残奥会柔道比赛
奖牌得主 （男、 女）

项目	金牌	银牌	铜牌
男子			
60 公斤级	拉敏·易卜拉希莫夫 （阿塞拜疆）	李小东 （中国）	蒙留特·诺雅 （阿尔及利亚） 本·奎尔特 （英国）
66 公斤级	大卫·高拿华 （乌克兰）	赵序 （中国）	马科斯·法尔康 （委内瑞拉） 希德·阿里·林里 （阿尔及利亚）
73 公斤级	德米特罗·苏路维 （乌克兰）	谢里夫·哈利洛夫 （乌兹别克斯坦）	山班·库尔班诺夫 （俄罗斯） 爱德华多·阿维拉·桑切斯 （墨西哥）
81 公斤级	奥列克山大·高施路夫 （乌克兰）	何塞·埃弗龙 （阿根廷）	伊沙奥·克鲁兹·阿隆索 （古巴） 克里格 （德国）
90 公斤级	乔治·希雷佐罗·马斯历 （古巴）	森姆·英格拉姆 （英国）	豪尔赫·连施拿 （阿根廷） 达坦仁·克罗克特 （美国）
100 公斤级	崔光根 （韩国）	迈尔斯·波特 （美国）	安东尼奥·特诺利奥 （巴西） 弗拉基米尔·费丁 （俄罗斯）

续表

项目	金牌	银牌	铜牌
男子			
100公斤以上级	正木宪滕（日本）	王嵩（中国）	杨柯连利·希门尼斯-多明格斯（古巴） 伊尔哈姆·赞祈伊夫（阿塞拜疆）
女子			
48公斤级	卡门·布鲁希（德国）	李凯琳（中华台北）	维多利亚·波塔波娃（俄罗斯） 尤利娅·哈莉斯卡（乌克兰）
52公斤级	雷蒙娜·布鲁西（德国）	王丽静（中国）	娜塔莉亚·妮歌丽卓（乌克兰） 米歇尔·费雷拉（巴西）
57公斤级	亚夫·苏坦诺娃（阿塞拜疆）	露西亚·达席尔瓦·特谢拉（巴西）	度古·施迪（土耳其） 莫妮卡·梅伦西亚诺·雷罗（西班牙）
63公斤级	达利达维·罗德里格斯·克拉克（古巴）	周瞳（中国）	丹尼尔·宾拿迪斯·米兰（巴西） 玛尔塔·阿尔塞·彼奥（西班牙）
70公斤级	玛丽亚·迪卡门·埃雷拉·高美斯（西班牙）	塔蒂亚娜·沙娃提扬诺娃（俄罗斯）	周倩（中国） 历高力·萨博（匈牙利）
70公斤以上级	袁艳萍（中国）	纳赞·亚坚（土耳其）	朱比达·保克逊（阿尔及利亚） 伊琳娜·卡恩露娃（俄罗斯）

2008 年夏季残奥会比赛国家奖牌榜

排名	代表团	金	银	铜	总数
1	中国	89	70	52	211
2	英国	42	29	31	102
3	美国	36	35	28	99
4	乌克兰	24	18	32	74
5	澳大利亚	23	29	27	79
6	南非	21	3	6	30
7	加拿大	19	10	21	50
8	俄罗斯	18	23	22	63
9	巴西	16	14	17	47
10	西班牙	15	21	22	58
11	德国	14	25	20	59
12	法国	12	21	19	52
13	韩国	10	8	13	31
14	墨西哥	10	3	7	20
15	突尼斯	9	9	3	21
16	捷克	6	3	18	27
17	日本	5	14	8	27
18	波兰	5	12	13	30
19	荷兰	5	10	7	22
20	希腊	5	9	10	24
21	白俄罗斯	5	7	1	13
22	伊朗	5	6	3	14

排名	代表团	金	银	铜	总数
23	古巴	5	3	6	14
24	瑞典	5	3	4	12
24	新西兰	5	3	4	12
26	中国香港	5	3	3	11
27	肯尼亚	5	3	1	9
28	意大利	4	7	7	18
29	埃及	4	4	4	12
30	尼日利亚	4	4	1	9
31	阿尔及利亚	4	3	8	15
32	摩洛哥	4	1	2	7
33	奥地利	4	1	1	6
34	瑞士	3	2	6	11
35	丹麦	3	2	4	9
36	爱尔兰	3	1	1	5
37	克罗地亚	3	1	0	4
38	阿塞拜疆	2	3	5	10
39	斯洛伐克	2	3	1	6
40	芬兰	2	2	2	6
41	泰国	1	5	7	13
42	葡萄牙	1	4	2	7
43	挪威	1	3	3	7
44	塞浦路斯	1	2	1	4
45	拉脱维亚	1	2	0	3
46	委内瑞拉	1	1	2	4
46	新加坡	1	1	2	4
48	沙特阿拉伯	1	1	0	2
49	匈牙利	1	0	5	6

排名	代表团	金	银	铜	总数
50	中华台北	1	0	1	2
50	土耳其	1	0	1	2
52	蒙古	1	0	0	1
53	以色列	0	5	1	6
54	安哥拉	0	3	0	3
55	约旦	0	2	2	4
56	塞尔维亚	0	2	0	2
56	立陶宛	0	2	0	2
58	阿根廷	0	1	5	6
59	斯洛文尼亚	0	1	2	3
60	哥伦比亚	0	1	1	2
60	保加利亚	0	1	1	2
60	伊拉克	0	1	1	2
63	波黑	0	1	0	1
63	阿联酋	0	1	0	1
63	巴基斯坦	0	1	0	1
63	新几内亚	0	1	0	1
63	罗马尼亚	*0	1	0	1
68	黎巴嫩	0	0	2	2
69	波多黎各	0	0	1	1
69	比利时	0	0	1	1
69	爱沙尼亚	0	0	1	1
69	纳米比亚	0	0	1	1
69	牙买加	0	0	1	1
69	叙利亚	0	0	1	1
69	老挝	0	0	1	1
69	马来西亚	0	0	1	1

2008 年夏季残奥会柔道比赛国家奖牌榜

排名	国家/地区	金牌	银牌	铜牌	总数
1	中国	4	2	1	7
2	阿尔及利亚	2	0	1	3
3	巴西	1	2	2	5
4	阿塞拜疆	1	2	1	4
5	西班牙	1	1	1	3
6	墨西哥	1	1	0	2
7	俄罗斯	1	0	5	6
8	古巴	1	0	2	3
9	委内瑞拉	1	0	1	2
10	法国	0	2	3	5
11	德国	0	1	1	2
12	伊朗	0	1	0	1
12	日本	0	1	0	1
14	阿根廷	0	0	2	2
14	乌克兰	0	0	2	2
16	芬兰	0	0	1	1
16	英国	0	0	1	1
16	荷兰	0	0	1	1
16	美国	0	0	1	1
	总计	13	13	26	42

2012 年夏季残奥会柔道比赛国家奖牌榜

排名	国家/地区	金牌	银牌	铜牌	总数
1	乌克兰	3	0	2	5
2	古巴	2	0	2	4
3	阿塞拜疆	2	0	1	3
3	德国	2	0	1	3
5	中华人民共和国	1	5	1	7
6	西班牙	1	0	2	3
7	日本	1	0	0	1
7	韩国	1	0	0	1
9	俄罗斯	0	1	4	5
10	巴西	0	1	3	4
11	阿根廷	0	1	1	2
11	英国	0	1	1	2
11	土耳其	0	1	1	2
11	美国	0	1	1	2
15	中华台北	0	1	0	1
15	乌兹别克	0	1	0	1
17	阿尔及利亚	0	0	3	3
18	匈牙利	0	0	1	1
18	墨西哥	0	0	1	1
18	委内瑞拉	0	0	1	1
	总数	13	13	26	52